하늘그림

이 저서는 2016년 대한민국 교육부와 한국연구재단의
지원을 받아 수행된 연구임
(NRF-2016H1A2A1907703)

하늘그림

초판 1쇄 2016년 12월 21일

지은이 박상원 ● 펴낸이 김기창
기획 임종수 ● 표지 정신영 ● 본문 최은경
인쇄 및 제본 천광인쇄사

펴낸곳 도서출판 문사철
주소 서울 종로구 명륜동 2가 4번지 아남A 상가동 2층 2호
전화 02 741 7719 ● 팩스 0303 0300 7719
홈페이지 wwww.lihiphi.com ● 전자우편 lihiphi@lihiphi.com
출판등록 제300-2008-40호

ISBN 979 11 86853 20 7 (03150)

※ 값은 뒤표지에 있습니다.

하늘그림

박 상 원 지음

도서출판문사철

들어가며

2001년 서른. 세상에 대한 열망은 용광로 같았다. 세상의 중심이라 생각한 뉴욕으로 떠났다. 새벽에는 베이글을 트럭에 싣고 소호에서 할렘까지 여명을 맞으며 배달을 했다. 아침이 오면 센트럴파크에서 그림을 그리고 오후가 되면 다시 세탁소에서 세탁배달을 했다. 일이 끝나면 다시 도서관에 들러 책을 읽고 글을 썼다. 심연으로 들어가 온전히 나와 만나고 있는 시간들이었다. 그해 여름밤 맨하튼에서 음악을 듣고 퀸즈로 돌아오는 길에 하늘의 별자리와 천문을 읽고 있었다. 그 때 신기한 일이 일어났다. 하늘에 두 개의 큰 시공의 선이 그어지고 동서남북 각 자리에 동그라미, 세모, 네모의 별자리가 흩어졌다 모였다를 반복하는 것이었다. 동그라미, 세모, 네모가 동서남북 모두 4개의 시공간에서 서로 엇갈리면 3^4이다. 모두 81개의 모양이 만들어지는 것을 깨달았다.

유레카!

그 길로 돌아와 그림을 그렸다. 그렇게 하늘그림이 탄생했다. 그림을 보며 명상하고 기도하기 시작했다. 81개의 아이콘으로 우주의 질서와 인간의 도덕을 가다듬는 글을 쓰기 시작했다. 인류에게 소통과 공존의 철학을 전하고 싶었다. 그 간절하고 따뜻한 소망들을 하늘그림에 담았다. 하늘그림은 81개의 아이콘으로 이뤄진다. 81수는 9 곱하기 9로 만들어진다. 그리고 9는 3 곱하기 3으로 만들어진다. 하늘그림은 3진법으로 만들어졌다. 3은 인류의 공통수다. 기독교의 성부, 성자, 성령의 삼위일체는 물론 유가의 삼강오륜, 삼재, 삼태극, 삼법인, 천부인 등의 3이란 숫자는 인류가 생각하는 가장 성스로운 숫자 중에 하나다. 하늘그림은 3의 철학이다. 하늘, 땅, 사람의 기본 개념을 동그라미, 세모, 네모의 도형으로 정의하고 그 도형을 음과 양으로 서로 나누어 6개의 아이콘을 만들었다. 그 6개의 아이콘을 여섯본새라 했다. 음의 천지인과 양의 천지인 모두 6개의 기본 아이콘을 바탕으로 9개의 괘상을 만들었다. 그 괘상의 이름은 순우리말로 '한-띠-샘-솔-빛-참-단-길-울'이라 정의했다. 한은 넓고 큰 정신을 뜻하고, 띠는 치우치지 않는 중심, 샘은 창조력을 뜻한다. 그리고 솔은 한결 같은 성품, 빛은 세상으로 뻗어나가는 사랑, 참은 진실함을 뜻한다. 단은 단단한 대지의 생명력이고, 길은 세상으로 뻗어난 소통의 길을 뜻하고, 울은 영역과 경계를 말한다. 이렇게 아홉개의 괘상을 아홉뿌리라 했고, 아홉뿌리가 위와 아래에서 대립하여 윗마당과 아랫마당이 되니 전체 81도상을 만들어 냈다. 81도상이 하늘그림이다.

철학도로서 나의 문제는 후손에게 전해줄 우리 철학이었다. 사실 유불도 삼교는 물론 기독교와 천주교, 민주주의, 자본주의 등 수많은 종교와 사상이 이 땅에 있지만, '이것이 우리의 철학이다', '이것이 한국철학의 정수다'라고 내세울 만한 철학이 없음을 늘 안타까워했다. 후손들이 우리의 철학은 무엇입니까? 물었을 때 선명하게 대답하고 싶었다. 유불도 삼교의 심오한 사상들을 갈무리해 하늘그림이라는 하나의 그릇에 담고, 우리 말과 정서를 밝혀 아름다운 시의 형식으로 내용을 정리했다. 엘빈 토플러는 21세기는 아이콘의 시대가 될 것이라 예언했다. 하늘그림은 81개의 아이콘으로 만들었다. 아이콘이 주는 영감으로 철학을 이해하게 했다. 하늘그림을 그리고, 명상하고, 노래하며 자연의 이치와 동행하고 인간의 아름다운 본성을 회복할 수 있게 했다. 또한 상처받은 가슴을 치유할 수 있게 하고, 문자를 넘어 깨달음에 다가가게 했다.

하늘그림은 그 뿌리를 말한다면 천부삼인이고, 계보를 받들어 줄기를 찾는다면 세종의 한글이다. 하느님께서 환웅에게 천부인 3개를 주어 나라를 열게 하였으니 이 나라, 이 땅의 뿌리는 천부인이다. 천부인은 글자 그대로 해석하면 하늘 천天에 기호 부符자를 쓰니 '하늘이 내려준 3개의 기호'라는 뜻이다. 나는 동그라미, 세모, 네모가 천부인이라 생각한다. 동그라미, 세모, 네모 속에는 널리 인간을 복되게 할 홍익인간의 근본 사상이 정갈하게 담겨 있다. 또한 한글은 삼재의 이법으로 만들었으니 그 기본 아이콘을 동그라미, 세모, 네모에서 찾았다. 한글은 인류가 만든 가장 단순하면서도 가장 완전한 문자체계다. 동그라미, 세모, 네모로 가장 완전한 문자를 만들 수 있었다면 이는 동그라미, 세모, 네모의 철학이 가장 완전한 철학이 될 수 있다는 뜻이기도 하다. 그래서 단지 3개의 기본틀-동그라미, 세모, 네모-로 철학적 체계를 세운 것이 바로 하늘그림이다. 3의 이법으로 오천 년 전에 나라를 세움에 뿌리로 삼았으니 천부인이 이 나라 역사의 시작이요, 그 이치를 따라 세종은 한글이라는 문자를 창제했으니 문화 창달의 줄기가 됐고, 이제 그 가지 마다에 피어날 영롱한 꽃이 하늘그림이다. 하늘그림은 그 사용하는 용도에 따라 건축, 문화, 사회, 정치, 예술, 제도, 수학, 경제, 예언, 노래, 미술 등으로 확장이 가능하다. 하늘그림을 보고 느끼는 사람들의 가슴마다에 핀 꽃으로 자기답게 표현하면 될 것이다. 나만의 철학. 영감과 직감의 철학. 그것이 바로 21세기의 철학이다. 앞으로의 철학은 자신의 소망과 가치에 따라 스스로의 철학을 만들어 가야 한다.

하늘그림은 2016년 여름, 한국연구재단에 처음 발표했고 한국철학의 기본사유로 발전시키면 좋겠다는 답을 얻었다. 심사위원들의 질문은 하늘그림과 주역이 어떻게 다르고, 왜 주역의 체계에서 하늘그림의 체계로 철학의 패러다임이 바뀌야하는지에 대한 질문이었다. 많은 답을 했고 모두 공감했다. 역사상 기호로 만들어진 철학체계는 주역이 유일하다. 그리고 주역은 아직도 동아시아 사상의 중심에 서 있다. 주역은 2진법의 철학체계다. 음과 양으로 세계를 인식한다. 0과 1로 정보를 전달하는 컴퓨터의 알고리즘과 같다. 이 2진법의 패러다임을 넘어 한국에서는 3진법의 회로가 개발되고 있다. 3진법의 소자·회로 기술이다. 0과 1 그리고 ①. 이 3진법을 통해 부성미분저항negative differential resistance을 만들고 이 작업을 통하면 반도체 칩을 소형화하고 전력소비를 낮추면서도 데이터 전달을 고속화할 수 있다. 가령 십진수 128을 표현하기 위해 2진법으로는 8비트bit(2진법의 단위)가 필요하지만 3진법으로는 5트리트trit(3진법의 단위)만 있으면 된다. 필요한 소자의 수도 그만큼 줄어든다. 슈퍼컴퓨터, 지능형 로봇, 알파고와 같은 빅데이터 정보처리는 이제 3진법으로 전환될 것이다. 앞으로 과학발전의 기반은 3분법적 세계관이 될 것이다. 그 중심에 한국이 있다. 한국은 오랜 세월 3분법적 세계관을 발전시켜 왔다. 3분법적 세계관의 철학이 바로 하늘그림이다. 하늘그림에는 하늘과 땅 사이에 '사람'이라는 소통의 코드가 명확하게 처음부터 자리한다. 인간존엄의 사유가 흔들리지 않는 뿌리로 자리하고 있다. 한류를 타고 퍼져나가는 한국인의 위상, 그에 걸맞은 철학적 체계가 우리에게 필요하다. 그 철학이 하늘그림이 될 수 있도록 하는 것은 이제 후손들의 몫이다.

서문

하늘의 진리가 영원하여 모든 생명은 그 시원을 하늘에서 얻는다. 하늘 아래 가장 귀하고 아름다운 생명이 사람이며, 땅 위에 존엄하고 유구한 것이 사람이다. 하늘과 땅 사이에 사람은 우뚝하고 영원하다. 이 우주가 처음 열리고 하늘이 이 땅에 사람을 허락한 뜻은 참다운 본성의 발현이다. 사람마다 가지고 태어난 하느님의 본성을 발현하여 찬란한 삶의 향연을 즐기라는 뜻이니 그 시원의 소리는 우리의 영혼을 일깨운다.

천지자연의 참된 진리와 인류의 아름다운 도덕을 담아 하나의 그림을 완성하니 그것이 하늘그림이다. 하늘그림 속에는 하늘의 이치와 땅의 조화로움 그리고 인간의 도덕이 풍요롭게 담겨 있으니 이것이 천지창조의 처음 밑그림이다. 반만년 길고 긴 역사의 질곡 속에서도 그 착한 마음을 잃지 않아 하늘이 예언한 약속이 있으니 그것이 동방의 등불이다. 인류가 당면한 문제는 정신문명의 새로운 패러다임이다. 문명의 이기와 전쟁 그리고 끝없는 대립 속에서 공존과 소통을 위한 철학이 필요하니 인류의 새롭고 영롱한 등불이 우리에게 있다.

세종께서 한글을 창제하신 이유는 나랏말이 중국과 달라 만백성이 누구나 쉽게 쓸 수 있는 문자가 필요했기 때문이다. 이처럼 하늘그림을 만든 이유는 하나. 우리에겐 우리의 철학이 필요하다. 유불도 삼교가 한민족의 근간이 되는 심오한 사상이나 그 뿌리가 모두 밖에서 들어온 지라 우리의 정신을 온전히 담아 낼 수 없다. 석가세존의 주인정신과 공자의 인의 사상 그리고 노자의 자연주의를 함께 모두어 하나의 그릇에 담았으니 앞으로 오는 후손에게 하늘그림이 윤리의 척도와 창조의 근원이 된다면 하늘의 영광이 땅에서도 이루어지리라.

비록 나의 힘은 미약하고 생각은 어리석으나 이 그림은 하늘이 허락한 그림이니 참되고 영원하다. 세상에 처음 있는 그림이나 하늘의 진리가 어찌 처음이겠는가? 자연의 순리를 따르고 선조의 아름다운 풍속을 따라 길을 다듬었으니 처음 길이나 태고에 있던 진리의 길이다. 하늘이 준비한 길 위에서 한올한올 하늘의 말씀을 따라 적는다. 아로새긴 하늘그림으로 문명의 서광이 밝아오길 기도하며 다시 깨어나 등촉을 밝힌다.

2016년 명륜당에서
명천 박상원 삼가 쓰다.

차례

들어가며　5
서문　10

제1장　　　말씀

본문 81장　17

제2장　　　원리

1. 삼태극　183
2. 여섯본새　189
3. 아홉뿌리　191
4. 네마당　195
5. 81도상　198

제3장　　　비교

1. 천부인과 하늘그림　205
2. 한글과 하늘그림　211
3. 주역과 하늘그림　219

글을 맺으며　230
추천사　232
지은이　234

맺음

제1장

1장 하나	2장 거울	3장 빛	4장 물처럼	5장 새벽	6장 혼불	7장 영원	8장 간구	9장 대답
10장 무정	11장 다시	12장 법	13장 부메랑	14장 기도	15장 역사	16장 그렇게	17장 평등	18장 열매
19장 예언	20장 늘	21장 고향	22장 앎	23장 용서	24장 뿌리	25장 꼭두각시	26장 소망	27장 죽음
28장 혁신	29장 분노	30장 힘	31장 삶	32장 정	33장 그대	34장 자유	35장 효	36장 스승
37장 사람	38장 주인	39장 한결	40장 마음	41장 사랑	42장 말	43장 멋	44장 얼굴	45장 친구
46장 한	47장 홀로서기	48장 뜻	49장 선	50장 결혼	51장 부지런히	52장 해원	53장 답게	54장 어른
55장 소명	56장 진면목	57장 무소유	58장 지금	59장 진실	60장 순서	61장 씨앗	62장 관조	63장 자연
64장 중심	65장 거리	66장 차례	67장 본능	68장 숨	69장 자리	70장 바로	71장 몸	72장 제사
73장 처음	74장 최선	75장 때	76장 다음	77장 부활	78장 일	79장 울타리	80장 시나브로	81장 땅

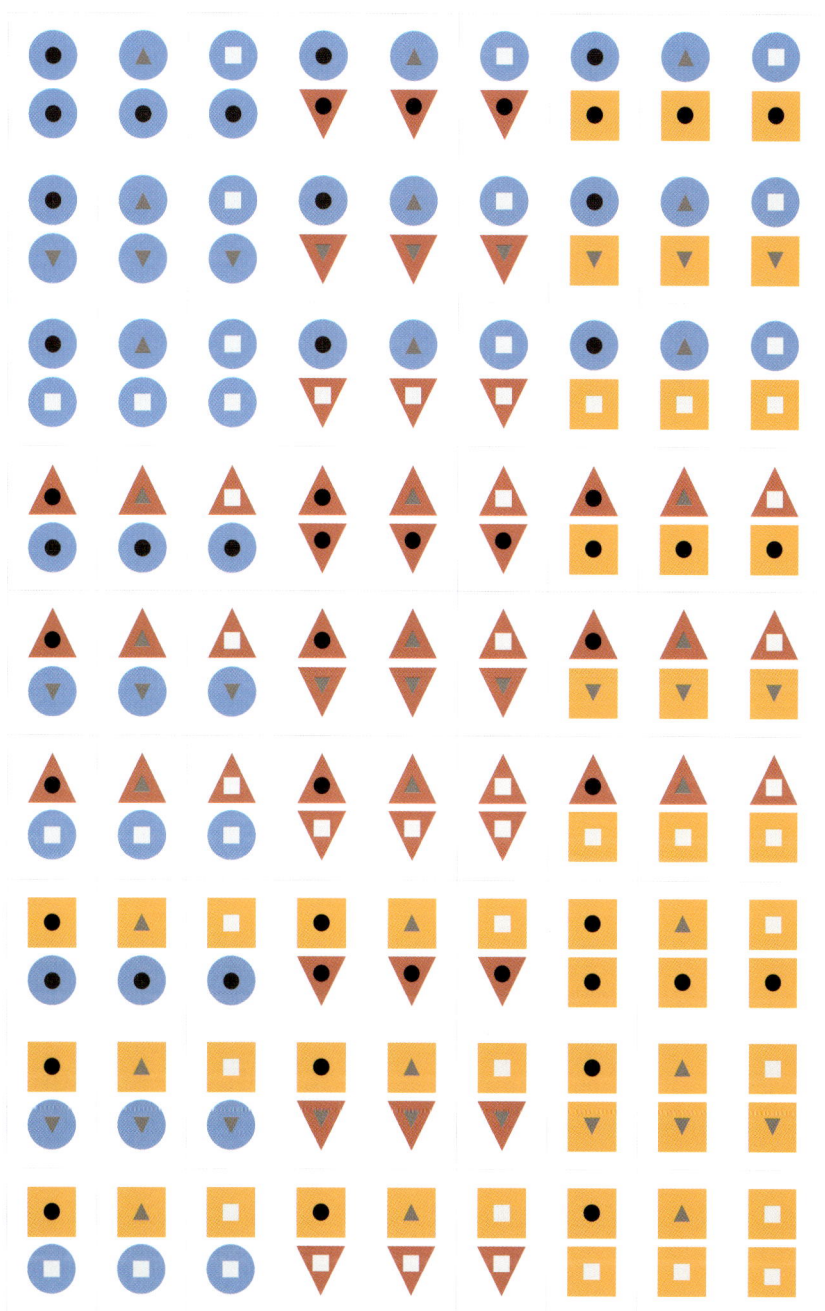

하나

1장 하나

하늘 하나 둘 땅 사람 셋 삼태극
시간 둘 공간 둘 네마당
음의 삼태극 양의 삼태극 여섯본새
양셋 음셋 아홉뿌리
위로 아홉 아래 아홉 여든하나

미래 시간 미래 공간 하나 현무마당
과거 시간 미래 공간 둘 주작마당
미래 시간 과거 공간 셋 청룡마당
과거 시간 과거 공간 넷 백호마당

시공 넷 하늘 땅 사람 셋
삼태극 네마당 여든하나

하늘 하늘 하나 한
하늘 사람 둘 때
하늘 땅 셋 샘
사람 하늘 넷 솔
사람 사람 다섯 빛
사람 땅 여섯 참
땅 하늘 일곱 단
땅 사람 여덟 길
땅 땅 아홉 울

하늘 땅 사람 셋
셋 셋 아홉 아홉 여든하나

하늘그림

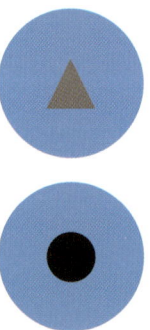

거울

2장 거울

거울 속에는 아무것도 없다
아무것도 없기에 모든 것이 있다

존재하지 않기에 모든 것에 존재하며
비춘 것이 없기에 모든 것을 비추어 낸다

모든 생명은 생명과 더불어 서니
바람이 불면 숨결을 비추고
꽃이 피면 향기를 비추니
머물지 않음이요 그 곳에 또한
바람도 없고 꽃도 없으니
떠나지 않음이다

처음부터 하나니
그 끝이 그 처음을 만나
마지막까지 하나였음을 알리라

머물지 않으니 물이요 떠나지 않으니 산이다
처음이 아니니 끝도 아니라
비로소 영원의 이름을
영원히 간직하리라

거울을 보라
존재를 알라

처음과 끝이 하나니
생녕은 본래 하나이니

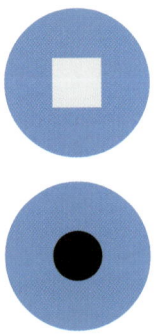

빛

3장 빛

하늘을 우러러 한 점 부끄럼 없기를
땅을 딛고서 일말의 거짓 없기를
기도하고 기도하라

감추려 하는 것일수록 드러나며
거짓된 말이 일을 어렵게 만드니

잘못이었음을 알았다면
거짓이었음을 알았다면
스스로 떳떳이 드러내어
용서를 구하고 책임을 감당하라

죄보다 깊은 것이 감춤이며
거짓보다 죄된 것이 묵인이니
죄는 드러내어 스스로 용서 받고
거짓은 잘라내어 밝게 깨어나라

하늘의 그물이 놓치는 죄악이 없으며
하늘의 눈이 그 머리카락마저 세니
그 인과의 열매는 일말의 오차도 없다
뿌린 것을 거둘 것이다

하늘 아래 땅 위에 모든 거짓을 물리치고
당당한 의로움으로 우뚝 서라

별처럼 잠들지 말고 파도처럼 쉬지 않아
푸르게 끊임없이
의로운 빛으로 당당이 서라

물
처
럼

4장 물처럼

물처럼 흘러야 아름답다
물처럼 맑아야 깨닫는다

잠들지 않는 물처럼 쉼 없이 가라
낮은 곳으로 임하는 물처럼 겸손히 서라

넉넉하여 마르지 않게
푸르고 맑아 올바르게
끊임없이 흘러 꾸준하게
거스르지 말아 순리대로
그대 물처럼 흐르라

담대하게 흘러서 역사의 줄기를 만들고
대륙으로 펼쳐져 생명의 모태가 되라

낮은 곳으로 흐르나 가장 큰 바다가 되며
갖추어진 모양이 없음으로 모든 생명이 머무니

낮으나 가장 크고
형체가 없으나 모두가 머무른다

물에서 배우는 자는 지혜롭고
물처럼 사는 자는 풍요로운
대지의 주인이 되리라

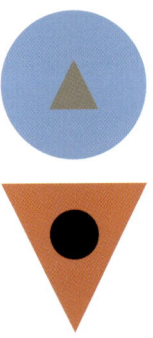

새벽

5장 새벽

지나간 관습이 만든 우상에
사장된 언어가 만든 최면에
잠들지 말라 취하지 말라

순간마다 거듭나 세상을 만나고
숨결마다 깨어나 지금을 누려라

그대가 찾는 것은
호수 속에 비친 천 개의 달이 아니며
사막을 떠도는 신기루가 아니다

영혼의 젖줄이며 생명의 신비이니
스스로 속이려 하지 말고 안주하여 위로하지 말라

밖에서 오는 적은 막을 수 있으나
내 안의 적은 영원히 볼 수 없으니
나를 가두는 것은 마음의 유혹이다

그대에게 던져진 안락이 안정이 안위가
처음은 죽음의 문인지 모르며 파멸의 늪인지 모르리라

구속의 밤이 오면 결박된 영혼이 울부짖어도
깨어날 수 없으리라

작은 것도 놓치지 말고 순간조차 빈틈없이

별처럼 깨어나
새벽을 열라

혼
불

6장 혼불

혼불이 잠들지 않게 날마다 깨어나라
소망이 식지 않게 순간마다 염원하라

마음이 온유하지 못하면
정신이 자유롭지 못하면
스스로 영혼은 어둠을 헤맨다

한정된 시야가 변화를 읽지 못하고
조급한 마음은 기다릴 줄 모르니

일상의 삶을 버리는 용기를 가져라
변혁을 일상으로 만드는 인내를 가져라

순간과 영원의 중간에서
변혁을 통해 창조를 이루고
일상을 통해 영원을 꿈꾸라

물을 건널 땐 배만 보고
물을 건너면 배를 버려라

과감하게 변혁하고
꾸준하게 가꾸어라

앎이 짐이 되지 않게
소유가 덫이 되지 않게

늘 혼불처럼 푸르게 푸르게
깨어 있으라

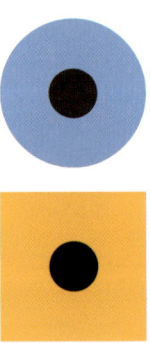

영
원

7장 영원

영원한 진리도 없으며 영원한 안식도 없어라
영원한 사랑도 없으며 영원한 권력도 없어라
영원한 행복도 없으며 영원한 어둠도 없어라

어둠은 빛의 어머니요 선은 악의 자식이니
무엇 하나도 영원한 것은 없어라

누가 아는가
영원의 약속은 우리의 것이 아님을
영원하지 않다는 것이 영원하다는 것을

시간 속에 무너지지 않는 것은 진리이며
공간 속에 사멸하지 않는 것은 생명이니

공명 없는 시간이여 침묵하는 공간이여

산은 물처럼 흐르고 물은 산처럼 머물러
영원한 모든 것을 비웃고 지나가리라

보라
무엇 하나 머물러 있을 수 없음을
무엇 하나 소유할 수 없음을

가라
무엇 하나 남기지 말고
무엇 하나 소유치 말고
영원이 없는 영원 속으로

간구

8장 간구

구하는 자만이 이루리라
그 믿음만큼 복에 복을 더하여
그 바람만큼 충만에 충만을 더하여
하늘과 땅이 선사한 풍요를 얻으리라

두드리고 간구하고 기도하라

날마다의 삶 속에서
기적과 영광이 드러나리라

간절하고 절실하게 구하되
겸손하고 가난한 영혼으로 구하라
또 다시 일어나 또 다시 구하라

세상의 것을 버리고 하늘의 것을 구하라

세상에 뿌려진 낮은 씨앗이나
그 열매는 온전히 하늘에서 맺으라

세상은 꿈꾸는 자의 것이니
먼저 구하고 최고를 구하라

간절한 만큼
넉넉히 누리리라

대답

9장 대답

이것이 모든 사람에게 적용되는가
이것이 어떤 순간에도 같은 대답인가
그렇다면 옳다 그렇다면 가라

모든 대상이 모든 사람이 그대 앞에 하나이게 하라

이것엔 이것이고 저것엔 저것이라면
그대 아직은 대답할 수 없다

아는 만큼 말하고 말한 만큼 행동하라
틀릴 수 있음을 인정하고 고칠 수 있는 용기를 가지라

모든 대답 앞에 솔직하고 담대하라
바른 것을 바르다 하고 그른 것을 그르다 하라
할 수 있는 것을 할 수 있다하고
할 수 없는 것을 할 수 없다하라
그대의 권능 밖에 있는 것을 함부로
말하지 말라 섣불리 확신치 말라

세상 밖 모든 것은 스치는 구름이니
형용이 자유로워 만물 만상의
모습을 만들지만 꿈을 깨면 꿈보다 덧없으니
결국 남는 것은 그대
그리고 진실이다

대답은 질문을 하는 자가 가지고 있다
질문 속에 자신의 모습이 있다

언제나 그 날이 오늘인지 알며
오늘 이 대답이 마지막 대답인지 알라

무정

10장 무정

하늘은 무정하다
인정은 편애를 낳고
편애는 애증의 사슬을 만든다

푸른 하늘에 걸린 하나의 이름
공허를 보라

그대가 깊이 사랑한다라는 것은
또한 깊이 미워한다라는 것과 같아
인연의 멍에가 삼백예순날 쉬지 않고 흐르리라

애정을 넘어서야 진정 사랑이 있고
미움마저 품어내야 진정 용서가 있으니

좋아하고 싫어하며 슬퍼하고 기뻐하는
그 마음의 허상을 벗고
청정의 공한 자리에서
삶의 향기를 누리라

나도 없고 너도 없음을 깨닫고
오직 진실을 향한 비움
진리를 향한 소망으로

잡지도 말고
놓지도 말아
무정한 하늘처럼만

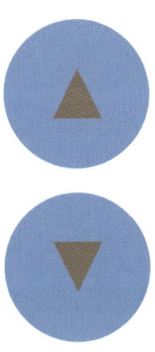

다시

11장 다시

일어나라

다시 일어나 그대의 길을 가라

사랑에는 실패가 없으니

꿈에는 좌절이 없으니

도전에는 끝이 없으니

오직 살아 있는 그 생명 다하여

그대의 노래를 부르라

그대의 눈물로

그대의 아픔으로

그대의 가난으로

다시 축복 받으라

다시 위로 받으라

또한 사랑 받으라

푸른 창공으로 날아 오르는 새의 날개처럼

다시 한 번 크게 펼쳐라

법

12장 법

처음 시작은 하나나
사람은 사람마다 다르고
생명은 생명마다 홀로다

그 주어진 소명이 다르고 그 맡겨진 역할이 다르니
그대의 자리에서 그대의 노래를 찾으라

작은 것 하나 하나에서 낮은 삶의 순간 순간에서
그대만이 할 수 있는 오직 그대에게 준비된 그 길로 가라

하나를 하는 그대에게 둘이 주어지고
둘을 하는 그대에게 열이 주어지니
차근차근 지금에 충실하라

높고 먼 곳에서 시작하는 사람은 패하나
작고 낮은 것에서 살피는 사람은 승리한다

하늘의 뜻은 간단하고 선명하나 세상의 일은 복잡하고 오묘하니
하늘에 구함에는 명료하되 생명을 대함에는 세심하라

사람을 만날 때는 그 눈높이를 맞추고
그 근간에 따라 인격으로 이끌라
진리는 태양처럼 하나나 세상의 신비는 별보다 많다

세상에 서는 법과 신리를 구하는 법이
서로 다름을 알고 알맞은 위치와 적당한 방법을 찾으라

세상 속의 끊임없는 변화를 즐기고
하늘의 변함없는 진리를 탐구하며
유한의 이법과 무한의 이법 사이를 노닐며
치우치지 말고 모두를 사랑하라

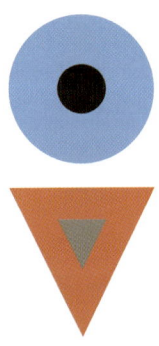

부메랑

13장 부메랑

삶은 유전한다

목표를 향해 치닫던 부메랑은
정점의 순간 원점을 향해 돌아선다

그대의 입에서 나간 증오와 분노가
믿음과 축복이 우주의 끝 자락까지 헤매지만
때가 되면 그대를 향해 돌진한다

그대가 뿌린 씨앗이
광야의 적막 속에서 침묵하나
빛이 오면 예언된 열매를 맺으리라

가슴에 박히는 칼날도 그대의 몫이며
향기 가득한 꽃비도 그대의 몫이니
오차 없이 예외 없이 그대에게 돌아오리라

처음 시작하는 곳으로 돌아오는 것이
대자연의 이법이니 그 이법 안에서
모두는 평등하다

모르는 자는 그 이법이 유린할 것이요
아는 자는 그 이법으로 축복 받을 것이니

뿌린 자가 뿌린 대로 거두리라
받을 자가 받을 것을 받으리라

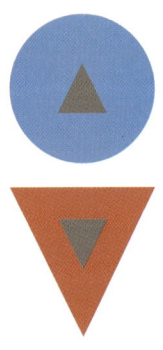

기 도

14장 기도

기도하는 영혼은 복되고 복되니
순간마다 기도의 삶을 살라

경건한 몸으로 진실한 마음으로 가난한 영혼으로
두 손을 모으고 무릎을 꿇어
간절히 기도하라

기도로 아침 샛별을 보고
기도로 하루를 접고 잠들라

내일을 꿈꾸는 자는 소망의 기도를
오늘에 감사하는 자는 축복의 기도를
어제를 반성하는 자는 용서의 기도를

운명은 그 시작과 끝을 알고 있으니
기도를 통해 그 음성을 듣고
그 뜻을 보고 스스로 믿음을 다지라

두드리는 자에게 열리며
간절히 다가서야 닿을 수 있으니
기도로써 소망을 다지고 받은 듯 믿으라

기도는 하느님과의 은밀한 대화
시간과 장소를 정하여 한결같이
그 시간을 사랑하고 그 장소에 평안하라

기도하는 영혼보다 아름다움이 없으니
아름다운 영혼들아 기도하고 기도하라

역사

15장 역사

승리한 자는 정당하다
진리만이 승리하며
역사는 승리한 자의 편이다

내일 무엇이 올지 아무도 모르나
예정된 것은 빗나가지 않는다
패배는 습관에서 준비되고
승리는 믿음에서 출발한다

패배는 다른 패배를 부르고 승리는 다시 승리를 부르니
그 하나에 혼신을 다하라

패배를 통해 말 없이 배우고
정당한 승리만을 인정하라
눈 앞의 이익은 과감히 버리고
마지막에 올 승리를 간구하라

마지막에 웃는 자가
영원히 웃는 자가 될 것이니
지나간 과오는 빨리 버리고
도움은 널리 구하여

오직 진리 앞에 역사 앞에
혼신을 다할 때

승리의 미소가 그대를 비추리라
성낭한 열매에 그대가 취하리라

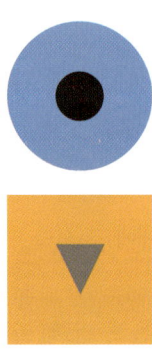

그렇게

16장 그렇게

굳이 가서 보지 않아도
세상 일이란 그 법을 벗어나지 않으며

곁눈질로 헤아려 보지 않아도
천지의 운행은 한 치의 오차가 없다

무언가 찾으려는 마음으로 떠나고 또 떠나 보지만
깨달음은 더불어 멀어진다 메마른 영혼은 쉴 곳이 없다

깊게 애착하면 지불할 대가가 크고
많이 가질수록 의심은 깊어 가니
만족을 알아 욕됨을 피하고
그칠 곳을 알아 생명을 보존하라

망상이 사라지면 진실이 보이고
욕망이 소멸될 때 본연이 드러나니
미련 없이 버리고 남김 없이 비우라

그렇게 기다리는 자는 볼 것이며
관조하는 자는 얻을 것이니

그대가 선 자리에서 그대가 산 오늘에서
그대의 생명을 누리고 축복에 감사하라

맑고 깨끗한 진리가
크고 따뜻한 사랑이
밝고 건강한 생명이

그렇게 그대 안에 넘치게 하라

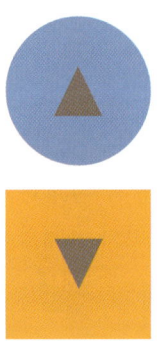

평등

17장 평등

하늘 아래 땅 위에 한 사람도 없으니
사람 위에 사람 없으며 사람 밑에 사람 없도다
정의 아래 축복 아래 사람은 평등하다

뿌린 대로 거두니 심판이 덧없이 가던가
베푼 대로 받으니 축복 속에 헛된 이름이 있던가
햇빛이 사람을 가리던가 강물이 생명을 가리던가

주어진 시작이 다르고 맡겨진 환경이 다르더라도
감당할 만큼의 시련이오 감당할 만큼의 열매이니
차별 속에 준비된 끝없는 지평을
다름 속에 준비된 수많은 신비를
그대의 몫으로 받아 들여라 그대의 소명으로 인정하라

비관으로 물러서고 절망으로 자책하나
평등 속에 차별을 만든 것도 영원 속에 생멸을 만든 것도
하늘이 아니며 운명이 아닌 그대 자신이니
그대의 순결한 영혼보다 높은 것이 없으며
천지에 숨쉬는 생명보다 낮은 것이 없도다

생명은 생명마다 평등하며 영혼은 영혼마다 평등하다
평등한 이유로 사람을 사랑하고
생명을 존중하라

내 것과 네 것이 다름이 아님을
평등의 이유로 알라

열
매

18장 열매

뿌려진 모든 것이 열매를 이룬다
오늘은 어제의 열매며
행복은 노력의 열매다

열매는 뿌린 땀을 배신하지 않는다
마침내 결과를 놓고 말하라
변명은 끝이 없고 변수는 예측을 못하니
오직 보여지는 열매를 보고 판단하라

이루어질 열매를 보되
현실에 매몰되지 말고
또한 꿈 속에서 떠돌지 말라

철저히 현실 속에서 그 열매를 가꾸고
꿈은 구속된 현실을 뛰어 넘어 이상이어라
말보다 행동을 보고 행동보다 결과로 판단하라

사람의 열매는 크나 작으며 하늘의 열매는 작으나 크니
말씀대로 뜻대로 예언대로 작은 것을 버리고
하늘의 영광을 구하라 마지막에 올 것을 구하라

그 열매를 기다리는 그대는 고통 속에서 기쁘며
시험 속에서 충만하니 그 날이 오면 정금 같은 영혼으로
거듭나 노래하리라 축복의 땅에서 춤추리라

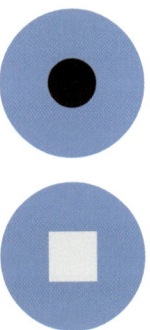

예
언

19장 예언

길을 준비하라 깨어나 길을 밝히라
인류의 역사가 간절히 소망한 민족의 혼이 애타게 부르던
사람의 사람이 예언대로 믿음대로 올 것이니
불을 밝혀 길을 비추라

삼천삼백 신장을 거느리고 십사만사천 지령의 보좌 위에
모든 어둠을 깨고 모든 죄악을 물리쳐
오직 빛이요 오직 진리요 오직 길인
구원의 예언자가 올 것이니
그 날 만국의 천지가 진동하고 그 때 열방의 바다가 나뉘어져
하나의 큰 빛만이 세상을 비추리라

신세계가 천국의 나팔 소리와 함께 열리니
하늘의 권능을 가진 하늘의 아들이 입을 열어 진리를 선포하고
땅의 생명을 품은 대지의 딸이 피를 쏟아 영생을 약속하리라
그 후 사람의 사람이 오면
이 땅의 모든 백성을 이끌고 모든 생명을 일깨워
비로소 봉인된 영혼의 신비가 풀리리라

하늘 땅 사람 셋이 하나가 되어
그 영광과 예언이 비로소 온전해 지리라

땅에 묻힌 모든 영혼이 일어나 축복할 것이며
하늘의 모든 신장이 내려와 노래하니
그 날이 왔음을 알라
그 날이 그대의 것임을 알라

깨어나 불을 밝히라
이제 그대의 시간이나

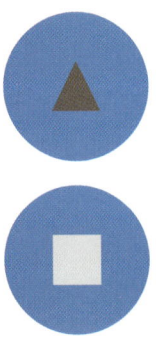

20장 늘

그렇다 할 수 있는 것을 그렇다 하고
아닌 것은 아니다 라고 하라

말할 수 없는 대답은 모른다 하고
실천할 수 없는 약속은 못한다 하라

인정에 연연치 말고 공과 사를 분명히 하여 문제를 매듭지어라

생각은 단순하게 정리하고
생활은 깔끔하게 정돈하라
시간 약속을 소중히 하고
스스로의 언약을 더욱 값있게 하라

몸은 새보다 가볍게 하고 이성은 칼보다 푸르게 하라

다른 사람에게 책임을 묻지 말고
자신에게 영광을 돌리지 말라

같은 시간 같은 자리에
같은 일을 하는 그대가 되라
시선에 상관 없이 세상에 관심 없이
늘 꾸준하고 검소한 그대가 되라

그대가 그대의 대답을
그대가 그대의 행동을
이미 알고 있다면
그렇듯 하늘도 이미

그대의 자리와 그대의 때를 알고 있다

고향

21장 고향

돌아가라 이제는 긴 여행을 마치고
고향으로 돌아가라

모태 이전에 운명 이전에
그대의 육신이 마음과 영혼이 잠들던 시원
본래의 그 곳으로 돌아가라

세상의 거짓과 향락하고 세상 오욕으로 질주하던
그대의 아픔을 보라 그대의 허위를 보라
그 모든 것을 내려놓고 이제 잠들라

그대의 자랑도 그대의 수치도
그대의 열망도 그대의 두려움도
모두가 꿈이었으니 꿈조차 꿈이었으니

더 이상 잃을 것이 없는가
더 이상 돌아갈 곳이 없는가

처음부터 그대는 그 곳에 있었다

비로소 왔으니
이제는 모든 것을 내려놓고
피안의 언덕에서 편히 쉬라

앎

22장 앎

그대 누구인지 묻는가
그대 오직 그대와 태초 이후
함께 살아오고 있다

그대 무엇인지 묻는가
그대에게 대답이 있다
대답이 있는 자가 묻는다
모든 질문에 모든 대답이 있다

떠나면 멀어질 것이며 멈추면 잊혀질 것이다
먼 길 떠나는 그대에게 처음부터 답이 있다
그대의 질문 속에 그대가 온전히 있다

그대의 관념이 물을 것이다
그리고 그대의 아집이 대답한다
대답과 질문이 쳇바퀴처럼 돈다

아는 자는 아무 것도 모른다는 것을 안다
깨달음은 밖에서 얻어지지 않는다

헛된 질문과 헛된 대답을 버려라
그리고 헛된 삶을 버려라
다만 보라

아는 자는 묻지 않는다 알면 보이고 보이면 간다
보는 자는 대답하지 않는다 말 없이 행할 뿐이다

용서

23장 용서

용서하는 마음은 아름답다
용서를 구하는 말은 향기롭다

흐느껴 우는 영혼아
용서를 구하라 그리고
사람아 용서하라
그리하여 그 앞에 경건하고 솔직하고 정화되라

사람에게 지은 죄는 사람에게로 갈 것이며
하늘에 지은 죄는 하늘로 갈 것이니
하늘에 지은 죄는 순간조차도 크고도 깊도다
사람의 죄는 용서하고
하늘의 죄는 짓지 말라

사람에게 지은 죄는
서로가 서로를 용서로써 안으라
타인을 용서함으로써 그대의 죄를 사하라

사람을 용서하는 일은
날마다 자신을 자유롭게 하는 일이니
일곱 번을 용서하고 다시 일흔 번을 용서하라

죄는 깊고 용서는 힘드니 지나간 모든 것을
그 죄로 인해 사랑하라 그 인내로 인해 용서 받으라

뿌리

24장 뿌리

나무는 바람에 뿌리가 깊어가고
신념의 빛은 시험을 딛고 더욱 자란다

광야에 이는 세찬 바람으로 그 뿌리를 튼튼히 하라
수만 년 한결같은 태양처럼 그 신념을 올곧게 하라

그대의 것이 아닌 것은 갈 것이며
그대의 것만이 예정대로 올 것이니
그대의 뿌리를 찾는 일에 열심을 다하고
그대의 뿌리를 지키는 삶에 자랑을 삼으라

비가 내린 후 땅은 굳고 고비를 만나야 의지가 드러나니
그대의 신념이 그대를 홀로서게 하고
그대의 정의가 그대를 영광되게 하라

뿌리를 알면 거두어들일 열매를 알고
열매를 알면 오늘 흘릴 땀의 의미가 무엇인지 안다
신념이 있으면 악이 두렵지 않고
악이 두렵지 않을 때 정의는 승리의 깃발을 들리라

뿌리에서 시작하고
뿌리를 지키며
뿌리를 찾아라

뿌리는 모든 생명의 근원이다

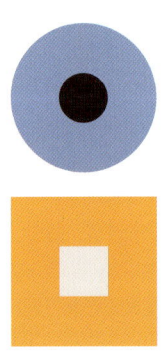

꼭
두
각
시

25장 꼭두각시

구속된 영혼이여 해방 없는 영생이여
눈으로 보지 못해 손으로 잡지 못해
믿음을 짓밟는 의혹의 나날이여
나락으로 어둠을 좇는 아들이여

방황은 깊고 속죄는 헛되도다 헛되고 헛되고 헛되도다
근심을 쌓아 잠든 여인아 돌을 이고 물 건너는 남자야
쳇바퀴 돌 듯 복수의 칼을 마시도다

그대가 사랑한 모든 것을 앗아간 원수는
운명의 대리자로 그대에게 왔으니
꼭두각시 놀음을 하고 돌아갔도다
갚았으되 갚음이 아니며 보았으되 실재가 아니니
헛되고 헛되고 헛되도다.

원한을 통해 인내의 사랑을 배우라
믿음의 사랑을 배우라 용서의 사랑을 배우라
그대는 초대된 아이 손님처럼 와서 주인처럼 되니
때가 되면 생의 소풍이 끝나리라

소풍이 끝나는 날
심판을 가지고 온 영혼의 사자가
그대의 길을 안내하리라

소
망

26장 소망

소망을 심을 땅을 찾으라
검고 비옥한 땅을 찾아 소망을 심으라

소망이 이루어지는 날까지
물러서지 말고 당당히 나아가라

믿음의 크기만큼 소망은 자라니
믿음으로 그 열매를 간절히 소망하라

열매를 소망하며 목표를 정한 다음 원칙을 세우라
원칙에서 벗어나지 말고 행동으로 한 걸음 한 걸음 실천하라
나아가야 할 때 주저 말고 물러서는 시점에 깨어 있으라

무엇을 가지고 싸울 것인지 정하고 정한 믿음에는
의심이 가장 큰 적임을 알라 믿음이 가장 큰 벗임을 알라
무엇이 피할 약점인지 파악하고
약점이 드러나지 않도록 두려움으로 깨어 있으라

승리는 자신을 아는데 있고 패배는 자신을 과신하는데 있다
승리하는 자는 지복에 지복을 더할 것이나
패배자는 구속과 아픔이 그를 따를 것이다.

모든 시험을 딛고 모든 역경을 넘어
소망을 이루고
힘찬 생명을 영위하리

죽 음

27장 죽음

소풍이 끝나는 날 하늘 길이 열려 돌아 가리라

지위와 명예 재산과 가족
이 세상 모든 것을 남기고
높은 자나 낮은 자나 많은 자나 적은 자나
무릇 처음 태어난 그 곳으로 돌아가리라

돌아가는 길은 누구에게나 같으니
벌거벗은 몸으로 업만 지고 가리라

삼일 낮 동안 기뻐하고 삼일 밤 동안 슬퍼하라
돌아간 영혼이 이 땅에 남긴 슬픔에 웃고 기쁨에 울라
가는 자는 회한 없이 가고 보내는 자는 미련 없이 보내라

사람은 한 번 와 한 번 가는 것
운명은 하늘이 정한 바이니
때가 되면 돌아가리라

죽음 속에는 슬픔도 없고 기쁨도 없으니
태어남도 없고 죽음 또한 없다

소풍이 끝나는 날
긴 영혼의 안식을 얻으리라

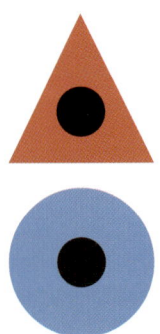

혁신

28장 혁신

자유의 영광을 위해

속박이 주어졌으니

거스르는 연어처럼

힘차게 변혁하라

밤이 오면 홀로임을 알리라

별을 좇는 외로운 투쟁임을 알리라

그러나 그 손에 굳은 살이 박히고

얼굴에 주름이 지면 혁신의 세월이

그대에게 주는 열매에 취하리라

육신의 늙음이 열매이며

열망의 재가 이루어진 예언이니

투쟁의 길을 넘어선 그대가

그 후에 알리라

그대에게 준비된 그대의 이야기를

분노

29장 분노

분노하라

뜨거운 분노는 상대에 닿기 전에 그대를 불태우리라
노여운 분노는 상대를 베기 전에 그대를 가르리라
이성으로 그대의 분노를 차갑게 하라

사회의 부패에
타인의 부당에
자신의 부정에
분노하라

차갑게 분노하라
분노가 그대를 집중시킬 것이다
집중을 통해 그대는 그대를 넘어선 힘과 만날 것이다

차갑게 분노하라
분노가 새로운 역사의 창을 열 것이다
역사의 창을 통해 생명의 진리가 들어 오리라

이성에 갈무리 되지 않은 분노는 독약이나
차가운 이성에서 나온 분노는 존재를 정화시킬 것이다

거대한 파도처럼 온 힘을 집중하여
차가운 분노로 부서져라

깨지기 두려운 자는 깰 수 없을 것이며
불의가 두려운 자가 정의와 멀어질 것이다

힘

30장 힘

가난한 이유로 죄 낳지 않도록
힘 없는 이유로 속박되지 않도록
알지 못하는 이유로 이용되지 않도록

부유함을 쌓고 힘을 함양하고 지식을 갖추라

개미처럼 성실한 사람으로
산맥처럼 건강한 사람으로
물처럼 지혜로운 사람으로
갖출 것을 갖추고 다음 말할 것을 말하라

문명이 발전하지 못하면 사람은 미혹되고
문화에 교류가 없으면 사회가 타락하니
고인 물은 썩고 자극이 없는 것은 퇴보한다

늘 새로운 것에 대한 갈망을 갖고
반복되는 일이라도 뒤집어 생각하라

창조는 파괴로부터 오고 진보는 반혁으로부터 온다
체제를 유지하려는 중력과 변화를 추구하는 원심력을 견지하라
옛 것에서 배우되 머물지 말고
미래를 꿈꾸되 과거를 바탕으로 삼으라
어제와 내일이라는 팽팽한 긴장감 속에서
정체성을 확인하고 변혁을 꿈꾸라

결국 돌고 돌지만
같은 것은 아무것도 없다

삶

31장 삶

삶에 지배당하지 마라
삶의 온전한 주인이 돼 삶을 누리라

받아들일 수 없는 현실은 열정을 다해 바꾸고
바꿀 수 없는 현실은 때를 기다려라
시간은 모든 것을 변화시킨다

그대를 시험하는 것은
그대 안의 그대니

패자의 독배도 승자의 월계관도
온전히 그대의 몫이 될 것이다
그대의 노래를 부르라
자신의 길을 따르라

누구도 그대의 길을
대신 걸어줄 순 없다

변명이 변명을 만들고
진실이 진실을 낳는다

삶의 역설을 변명하려 하지 말라

그대의 이유 속에서
그대의 결단 속에서

선택은 순간의 일이나
그 열매는 그대의 영원을 지배하리라

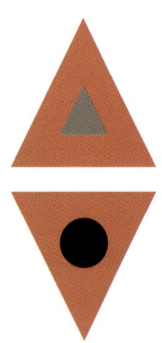

정

32장 정

살갑게 지난 한 세월로
미우면 미운 대로
좋으면 좋은 대로

얽히고 설켜 인연의 타래를 풀고
만나고 헤어져 업장이 소멸하는구나
사랑 속의 증오며 증오를 넘어 연민이니
쌓은 정이 깊어서 붙은 정이 많아서
못내 돌아서고 못내 보살피니

미운정 고운정으로 한 세상 그렇게 지나면
사람도 없고 원한도 잊어 정만 남는구나

모자란 것은 모자란 대로 정이 가고
고우면 고운 대로 정이 쌓이니
정이 붙어야 일은 편하고 사람은 다시 보인다

그대 사는 세상에 정 붙여 터전을 잡고
정답게 사람과 사람 속에 어울려
네 것과 내 것을 나누지 말고
마음과 마음을 나누며 살라

정은 한결 같이 돌보고 뒤돌아 또다시 살피니
주어도 다시 주는 마음이며 나눔으로 기쁨이 되도다

스스로의 만족이며 스스로의 보답이니
못내 정 때문에 한 세상을 지내라

그대

33장 그대

보라

똑똑히 보라

두 눈을 감고 똑똑히 보라

생각하라

꼼꼼히 생각하라

생각 없이 꼼꼼히 생각하라

가라

혼자서 가라

무소의 뿔처럼 혼자서 가라

그대의 마지막 적은 그대다

그대의 마지막 희망도 그대다

한계를 만드는 것도 천상을 꿈꾸는 것도

그대 속의 그대다

그대가 무너지면 세상도 무너진다

그대가 깨이나면 세상도 깨이난다

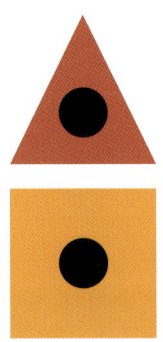

자
유

34장 자유

그대의 옳음과 그릇됨 속에서
무엇을 버리고 무엇을 찾는가

그대 안에 옳음과 그릇됨이 잠들어 있나니
옳음을 깨워 빛으로 나아가는 것과
그릇됨을 일으켜 어둠으로 덮이는 것은
오직 그대의 자유니라

옳고 그름에 대한 자유가 그대의 처음 자유였으니
그 끝에 만날 빛과 어둠은 그대가 그대에게
약속한 선물이다

그릇됨을 어둠 속에 있게 하고 옳음을 밖으로 드러내어
운명이 그대를 축복하고 삶이 그대를 미덥게 하라

그릇됨을 드러내어 걷는 자는 그 어둠이 그 삶을 유린할 것이며
올바름을 밝혀 따르는 자는 그 빛이 그 운명을 인도할 것이다

올바름과 그릇됨 속에 던져진 그대의 자유가
영혼이 육신이 빛으로부터 나왔듯 빛을 좇아 충만케 하라

그릇됨이 밖으로 나와 빛을 바래고
올바름이 왜곡되어 어둠으로 빠질 때
그대의 생명은 죽음의 골짜기에 갇혀 통곡하리라

옳고 그름 속에서
그대의 자유가
그대를 지유케 히리

35장 효

이 땅의 모든 생명은 어머니의 고통과
아버지의 땀으로 태어났으니
고통과 땀으로 잉태된 딸들아 아들들아
그 부모의 말을 듣고 따르라

그대보다 멀리 사랑하니 아버지며
그대보다 깊이 사랑하니 어머니다
아버지의 권위를 받들고 어머니의 소망을 채우라

그대의 숨결은 아버지로부터 왔으며
그대의 피와 살은 온전히 어머니의 것이었으니
그 생명 주심에 감사하고 경건하라

시간이 흘러 그 힘이 미약하여도
부모의 은혜는 한량이 없으며 부모의 사랑은 마르지 않으니
그대가 다시 돌아가 쉴 곳이라

늘 그 마음을 살펴 갖추어 내고
늘 그 자리를 둘러 편안케 하라
따뜻한 아들로서 총명한 딸로서
부모의 기쁨이 되고 부모의 뜻을 받들어
효도로써 답하라

그대 지금은 아버지의 딸이며 어머니의 아들이나
그대의 후손이 오면 딸들의 어머니요
아들들의 아버지 되니 그 때가 되면 그대가
행힌데로 받으리리

시 슝

36장 스승

스승을 찾아 길을 떠나라
아직은 길이 멀기에 그 밤길을 밝혀줄
등대 같은 스승을 찾으라
타성은 깊고도 깊기에 늘 그 잠을 깨울
죽비 같은 스승을 찾으라
지혜는 바다같이 넓기에 끊임없이 부어 줄
폭포같은 스승을 찾으라

우리의 영혼이 아직은 어리고 미약하니
늘 더 좋은 내일이 있음을 알고
늘 더 나은 자신의 모습을 바라며 그 길을 이끌 스승을 만나라
스승만이 그대의 영혼을 치유하고
스승만이 그대의 기술을 연마하며
스승만이 그대의 인격을 배양한다
스승은 자신의 실패로 그대의 실수를 막고
스승은 자신의 성공으로 그대를 영광으로 이끈다

먼저 걸어간 스승만이 그대가 또한 걸어갈 긴 여행에서
무엇을 준비해야 하는지 어느 곳에 함정이 있는지
어떻게 산을 넘는지 알고 있다
진실을 바라보는 스승만이 그대가 서있는 세상에서
그대의 영토가 어디인지 그대의 씨앗이 무엇인지
그대의 열매가 무엇인지 알고 있다
길을 아는 스승에게 모든 것을 맡겨라

스승을 찾음에는 목마른 사슴처럼 하고
스승을 따름에는 영문 모를 아이처럼 되어
그대의 생각을 지우고 그대의 정의를 지우고

백지장 같이 비워지는 법부터 시작하여
천상의 보좌까지 승계하는 그 영광을
스승으로부터 누리라

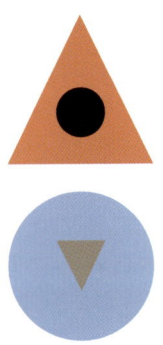

사람

37장 사람

널리 사람을 이롭게 하라

종교와 종교를 넘어 민족과 민족을 넘어 인종과 인종을 넘어
사람이 즐거운 세상
사람이 신나는 세상을 만들라

베푼 만큼 돌려받고 받은 만큼 돌려주니
빚진 자의 마음처럼 발걸음을 재촉하라

사랑을 받은 사람이 사랑을 베풀며
인품이 높은 사람이 공손히 말하고
여유가 있으면 사람이 욕심이 적다

사랑에 배고픈 사람 겸손을 모르는 사람
욕심이 끝없는 사람을 더욱 아끼고 보살펴라

가난한 영혼에게 더욱 많은 사랑이 가게 하라
슬프고 상처받은 영혼을 더욱 깊게 안으라

너와 내가 다르기에 사람이 사람에게
모자란 것이 있으면 덮어주고
필요한 것이 있으면 채워주어

사람이 사람처럼 사람이 사람답게

세상 모든 사람을
위해 크게 살라

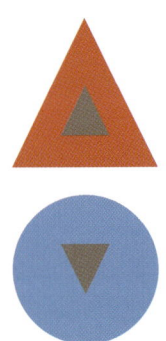

주인

38장 주인

세상은 기꺼이 헌신하는 자가 주인이며
세상은 마침내 겸손한 자에게 돌아온다

가지려는 집착이 클수록 삶은 어둠에 지치고
지키려는 애착이 많을수록 그로 인한 고뇌가 깊다

세상은 세상을 사랑하는 사람이 주인이니
험한 일을 맡은 사람이 역사의 주체이며
낮은 곳에서 일하는 사람이 백성의 구원이다

앞에서 이끌고 뒤에서 살피나
자만으로 나서지 말고 선행은 자랑하지 말라

값없이 받았으니 값없이 나누어주고
애정도 재물도 쌓아두지 말라

따뜻한 사랑이 상처받은 사랑을 치유하고
간절한 사랑이 메마른 사랑을 채워주니
사랑받은 감사로 사랑 나누는 기쁨으로

오직 그대의 사랑이 우뚝 서게 하라
시평으로 뻗은 참 세상의 주인이 되라

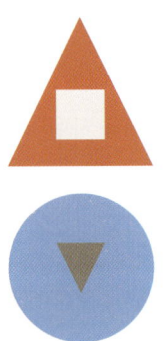

한결

39장 한결

산이 높으면 골이 깊다
골이 깊으면 빛이 멀다

애정이 깊으면 돌아 오는 길이 멀고
기대가 높으면 떨어지는 나락이 깊다

이것과 저것의 이름이 무엇이 다르겠는가
이 사람과 저 사람의 삶이 얼마나 다르겠는가

그 마음의 취향으로 사람을 고르지 말고
그 생각의 선입견으로 사람을 가르지 말라

높으나 낮으나 많으나 적으나
모든 사람 앞에 한결 같은 사람으로 서라

인격의 바탕이 없으면 마음은 죄가 되고
지혜의 선견이 없으면 생각은 삿 되니

한결 같은 마음으로
두루 깊은 생각으로

사람을 만나라
사람이 되라

마음

40장 마음

마음 하나에서 만물만상이 생멸하고
마음 하나에서 억겁인연이 윤회한다

기쁘나 슬프나 노여우나 두려우나

모두가 마음 안에서 일어나 마음 안에서 잠드니
마음 밖에서 따로 구하지 말라

세상을 바꾸려는 마음은 고되고
세상을 얻으려는 영혼은 목마르니
찾고 또 찾아 돌지만 쉴 곳 없는 영혼이여
울어 지친 육신이여

고통은 또 다른 이름으로 오고
분노는 또 다른 얼굴로 드러나리라
산을 넘어 산을 만나고 강을 건너 강을 만나니
문제는 처음부터 세상이 아니다
세상은 변하지 않는다
머물지 않는다

이제 그대 돌아와 마음을 보라
마음이 없는 적멸의 문으로 들어서라
마음으로 영원의 안식을 찾으라

세상은 그대만큼 보여주고 그대는 그대만큼 세상을 본다

마음만큼 세상이 다가오고 멀어지니
마음이 돌아와 쉬는 그 곳에
세상은 처음처럼 꽃을 피우리라

사랑

41장 사랑

무릇 착한 것을 좋아하는 것이 사람의 마음
무릇 믿을 만한 것을 믿는 것이 사람의 마음

그러나 착하지 못한 것을 착하다 하고
믿지 못할 것을 다시 믿어주는 행동은
오직 진실의 사랑 하나의 사랑

사랑은 온유하여 모든 것을 포용하는 것
사랑은 고달픈 영혼의 휴식이 되며
사랑은 베푼 곳으로 다시 돌아 오는 것

사랑은 다음이 없어 바로 오늘 실천하는 것
사랑은 실망을 딛고 다시 믿어주며
사랑은 과거를 잊고 다시 용서 하는 것

사랑은 너와 내가 없어 하나되는 것
사랑은 주어도 주어도 메마르지 않으며
사랑은 시작도 끝도 없어 비로소 영원한 것

모든 생명이 사랑으로 잉태됐으니 살아도 죽어도 사랑
기뻐도 슬퍼도 사랑

사람은 사랑으로 낮아지고 길러져
성장하고 충만하고 성숙하고 덮여지니

사랑은 인내요 사랑은 소망이며 사랑은 영원이어라

사랑이 없으면 사람도 없어라
사람이 없으면 사랑도 없어라

말

42장 말

그대의 입에서 나오는 말을
그대의 눈으로 총총히 보라
그대의 이야기를 하고 그대의 마음을 말하되
타인을 심판치 말고 타인을 입안에 올리지 말라

사람의 재앙은 입에서 나와
입으로 자라니 입을 다스려 화를 피하라

입에서 나온 것은 먼지처럼 흩어지나
몸에서 나온 것은 땀으로 결실을 맺으니
말이 앞서는 자는 또한 후회가 많고
몸으로 실천하는 자는 열매가 풍성하리라

말이 많을수록 가난한 영혼이니
가난한 영혼의 말이 세상을 병들게 한다

바른 말 고운 말
좋은 말을 하여 서로가 서로를 돋우고
서로가 서로를 아껴라

모자란 것이 있으면 덜어주고
넘치는 것이 있으면 다듬어서
모나지 않게 소외되지 않게
더불어 고이고이 살아가라

사람의 깊이는 말 끝에 담겨 있으니
깃털인지 몸통인지 그 말로써 보라
그 말끝이 행동과 만나는 사람과 동행하라
오래도록 그 길이 믿음으로 굳건할 것이다

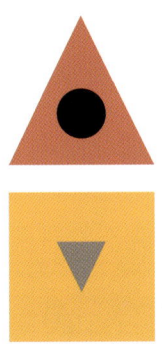

멋

43장 멋

멋있게 살라

절망의 끝자락에서 웃는 여유를
완성의 절정에서 떠나는 자유를
성실한 일상에서 일탈하는 해학을

삶의 이랑이랑 사랑의 마디마다
진실의 굽이굽이
멋의 향기가 배어나게 하라

제 멋에 살라
젊음의 이유로 멋대로 살라
개성의 이유로 멋대로 가라
세상의 말에 그대의 멋을 던지지 말라

세상에 물들지 말고 세상과 타협하지 말라

제 멋에 기뻐하고 제 멋을 사랑하라

멋드러지게 신명나게
생을 노래하라

가장 큰 단점이 큰 장점의 발판이며
가장 큰 장점이 큰 단점의 시작이니

오직 그대만의 멋으로
단점은 넘어서고 장점은 드러내어

멋드러진 주인공이 되리

얼
굴

44장 얼굴

얼굴을 보고 마음을 알라
그 얼굴에서 비껴가는 마음이 없다
착한 마음으로 얼굴을 가꾸라
그 마음 씀씀이가 얼굴을 보석처럼 빛나게 한다

그대 얼굴에 책임을 져야 하는 시간이 왔으니
그 얼굴에 여유가 없다면 그 얼굴에 미소가 없다면
처음부터 다시 돌아보라
처음의 그 선한 얼굴로 돌아가라

그 눈빛을 속이지 말라 속이는 눈빛은 어둡고
불신의 눈은 어지럽다

어린 아이의 영문 모를
맑고 천진한 그 눈빛으로 돌아가라
그리고 그 아름다운 눈으로 세상을 보라

눈빛과 낯빛은 속일 수 없다
진실한 눈과 평온한 얼굴이 살아온 그대로의 여정이다

거울 앞에 서 얼굴을 보라
그대의 영혼이 그 안에 있다

친구

45장 친구

친구는 이유를 묻지 않는다
친구는 보지 않아도 알고
친구는 말이 없어도 본다

어린 날의 친구는 하루 종일 불러도 즐겁고
젊은 날의 친구는 세월의 강물을 따라 추억이 넘치고
늙어서의 친구는 죽는 날 그 마지막 모습을 기억한다

슬픔은 반으로 나누고 기쁨은 배로 더하니
오직 친구만이 그 오랜 비밀을 간직하리라

좋은 친구는 내 모자람의 거울이 되고
모자란 친구는 내 나눔에 복을 더하니

문득 먼 곳에서 친구가 찾아 온다면
식탁에 노을이 비껴도 참 좋으리라

친구 따라 한 평생이 지나도
짧고도 짧구나 기쁨이 짧고 나눔이 짧고 시간이 짧구나

평생에 이름 부를 친구 하나가 있다면
찰라 같은 삶이 그리 덧없지 않으리라

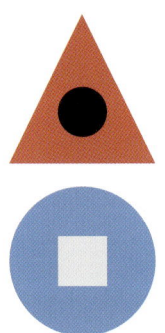

한

46장 한

기쁨보다 슬프며 슬픔조차 기쁘니
눈물에서 나온 눈물이여

정화된 눈물이 메마르고 맺혀
가슴에 아린 몸 안의 사리여
사람이 가진 사랑의 죄로 역사가 만든 질곡의 벌로
못다한 꿈이 지쳐버린 바람이
삶의 저편에서 죽음의 저편으로
한의 비수를 꽂노라

타락의 강물이 흐른 뒤에도 영광의 햇살이 지난 뒤에도
공전의 역사와 윤회의 인생은 상처가 상처를 치유하니

치유된 상처가 순수보다 아름답고
지혜보다 드넓으리라
지나야 할 것을 지나온 그대가 아름답다
어둠의 한 편을 아는 그대가 지혜롭다

길고 긴 밤으로 진주는 빛을 만들고
타락의 오물로 연꽃은 비로소 피니

아픔 없기를 바라지 말라
상처 없기를 바라지 말라

한을 안고 살아가는 한 많은 사람들아
한으로 살라 한 맺힌 한 세상

이 세상이 그 세상임을 알리라

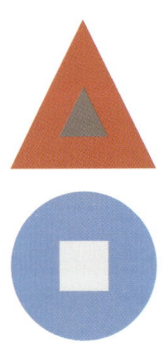

홀로서기

47장 홀로서기

다르다는 이유가 생명이며
홀로된 색깔만이 진실이다

그대의 자유를 군중에게 팔지 마라
그대의 독립을 대중 속에 묻지 말라

온실 밖 대지의 이슬로 목을 적시고
울타리 넘어 뻗은 숲길을 따라 걸으라

우주의 시작과 끝이 생명의 삶과 죽음이
하나에서 나왔으나

그 하나가 분리되고 나누어져 서로 다른 하나로서
숨쉬고 존재하니 홀로된 자유가 주어졌느니라

모든 생명이 함께 있으나 홀로 떠날 것이며
함께 잠드나 홀로 깨어날 것이다

결국 칼처럼 잘려져 홀로 그 길을 걸으리라

홀로 서지 못하면 예속이며
홀로 가지 못하면 굴복이니

홀로서는 삶이
그대의 믿음이며
그대의 사랑이며
그대의 기쁨이 되리라

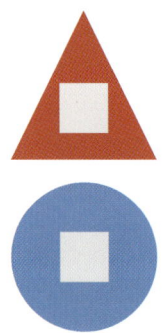

뜻

48장 뜻

앞으로 나아갈 곳을 정하고
뒤에 닥칠 일을 살펴라

강하지 않게 약하지 않게
시작은 천천히 끝은 깔끔히
도중은 신실히 하라

결과에는 마음을 비우되 행동에는 뜻을 굳건히 하여
처음 시작하는 마음이 끝나는 몸과 같게
몸과 마음을 하나로 집중하라

산처럼 시작하되 빛처럼 실행하고 물처럼 떠나라

실패는 포기하는 자의 것이며
성공은 포기하지 않는 자의 것이니
실패는 실패 속에 있음이 아니라 포기 속에 있음을 알라

다시 일어서는 실패는 아름답고 복되도다

가다 말 일이면 시작하지 말고
시작한 일이라면 그 실패마저 사랑하라

뜻이 없는 곳에 길이 없으며
길이 없는 곳에 삶이 없도다

뜻이 있는 곳에 길이 있고
길이 있어야 삶이 열리니
삶은 뜻에서 와 뜻으로 간다

선

49장 선

선을 그으라

공사의 선을 분명히 하고
남녀의 선을 분별하고 상하의 선을 분간하라

책임의 선이 분명치 않으면 일은 주인 없이 헤매고
관계의 선에 분별이 없으면 타락은 목젖에 넘치고
영역의 선을 분간하지 못하면 목숨이 위태로움을 당한다

없어야 할 곳에 선이 있다면 생각은 편협하고 경험은 제한되니
깨어버릴 선은 과감히 깨어버려라
있어야 할 것에 선이 없다면 자유는 방종이고 타락마저 정당하니
바르게 선을 그어 일의 순리를 찾아라

처지에 맞게 할 일과 못할 일을 가려 선을 긋고
나이에 어울리게 갈 곳과 가지 못할 곳을 가려 선을 그으라

선을 보는 자는 지혜롭고
선을 긋는 사는 누가 있나

결
혼

50장 결혼

잃어버린 반쪽 날개를 찾아 먼 길을 나서라

사람은 사람인 이유로
영혼은 가난하고도 온전치 못하니
절름발이에게 하늘 길은 멀고도 고되도다

그 길감에 있어 벗이 되고 샘이 되고 터가 될
반쪽의 영혼이 있으니

건강한 남자가 순박한 여자를
총명한 여자가 진실한 남자를
먼저 알아본 반쪽이 선택하고 선택 받으라

온전한 영혼을 이루는 결혼은
하느님이 주신 처음의 선물이니
성실히 성실히 다시 성실히 가꾸라

결혼은 내가 없음으로 네가 되고
네가 지워져 내가 온전해 지는 것이니

너와 나를 지우고 새로운 생명으로
온전한 영혼으로 거듭나
축복의 노래를 부르라

부지런히

51장 부지런히

너와 나를 비교하지 말라
내가 이만큼 그래서 너도 이만큼 이라면 그 안에 사랑은 없다
판단과 정죄로 심판하지 말라
선과 악의 끝을 누가 알며 진실과 거짓의 열매는 누구의 몫인가

병 없는 자 있던가 죄 없는 자 있던가
제 안의 어둠은 보지 못해도 타인의 티는 더욱 눈에 띄니
어제 그대가 비난한 사람이 훗날 그대의 행동이리라

역사는 묵묵히 흐르나
그 심판은 추상같고
인연은 끊임없이 돌고 도나
숙명은 빗겨가지 않는다

땅은 예언대로 이룰 것이며
하늘은 열매대로 심판할 것이다

드러내지 말고
심판하지 말고
판단하지 말고
비교하지 말아

하늘을 우러러
땅을 받들어

그 날에 올 때까지 부지런히 준비하고
그 날이 오면 담대히 빈으라

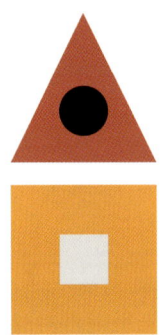

해
원

52장 해원

길이 끝나는 곳에서 길이 열리리라
삶을 던져야 새 생명을 만나리라

붙들고 붙들고 붙들지만 윤회의 사슬이요
구속의 역사이니

이제 놓으라 이제는 풀라
삶의 씨줄과 죽음의 날줄이
그대의 영혼을 옭아매어도
욕망의 불길과 열망의 파도가
그대의 생명을 갉아먹어도

생로병사의 미명 속에서
희로애락의 환영 속에서
무너질 것을 지키려는 어리석음으로
허상을 잡으려는 욕심으로 시험에 무너진 분노로
영혼은 날마다 파멸의 무덤을 헤매나니
미명에서 벗어나라 환영에서 깨어나라

어제도 아니며 내일도 아니니
지금 가슴에 맺힌 원한을 풀고

영원의 숨결을 만나라
영혼의 해방을 낳으라

답게

53장 답게

자기답게 살라

사람답기 이전에 남자답기 이전에
여자답기 이전에 나답게 웃어라

그대의 모습이 모든 진실의 시작이다
껍데기를 버리고 알맹이만 가지고 서라

누구도 그대를 위해 살지 않는다
그러나 모든 사람이 그대의 삶을 제 삶인 양 재단하리라

타인의 말을 버리고 자신의 눈을 가져라
그대의 모습을 찾아 즐겨라

모방을 벗어나지 못하면 자신을 선포하지 못하면
예속의 나날은 기약이 없으리라

아이답게 커라 남자답게 서라
여자답게 말하라 부모답게 가르쳐라

모든 존재가 알맞은 모습이 따로 있음을 알고
그 참 모습이 무엇인지 고민하고 연습하여
그 다운 모습으로 서게 하라

주관과 객관 사이에서 순서를 알고
잃음과 얻음 속에서 위치를 정하라

자기답게 서고 사람답게 살라
사람다운 사람은 아름답지 않던가

어른

54장 어른

스무 살 된 자 떠나라

빛나는 이마에 관을 쓰고
꽃을 꽂아 축복 속에 떠나라

부모로부터 독립하여 그대의 삶이 그대의 노동으로 서게 하라
조국을 품에 안고 그대가 창조할 새 땅에 깃발을 꽂으라

어른이 되면 어린아이의 말을 잊나니 관례를 치른 장부는
더 이상 어린아이가 아니다

역사의 책임자요 삶의 주재자니
인정할 일이며 귀 기울여 경청하라
이미 어른 된 자의 실수는 막지 마라
그 실수로 어른의 책임을 알게 될 것이다
이제 어른 된 자의 말을 경청하라
그 생각을 통해 사회가 조율돼야 할 것이다

어른 된 자로 하여금 책임을 명확히 알게 하고
그 소명을 관철케 하라
어른 된 자를 축복하되 인정을 베풀지 말며
기도하되 손을 건네지 말라

어른인 자 모두는 이제 홀로 걸으라
그 길이 진실 고난의 사막보다 험할지라도
그 길은 이제 그대의 길이라

스무 살 하루는 빛보다 푸르고
꽃보다 밝노다

소명

55장 소명

객관적 통찰을 견지하고 주관의 상대를 끝까지 설득하라
인내와 관용과 다시 믿음으로 설득하라

이해의 깊이에는 너무 깊음이 없으며
설득의 말에는 너무 많음이 없도다
두서의 말을 바닥의 끝까지 듣고
마지막까지 혼신을 다하여 설득하라

타협으로 본질을 왜곡치 말고
포기로 영광을 퇴색케 하지 말라

스스로 그 소명을 되새기고 그 열매를 믿으며
이미 받은 듯 나아가라

인내를 오른 손에 들고 소명을 왼 손에 들어
소명으로 앞 길을 열고 인내로 그 뒤를 살펴라

사람의 말에는 이유가 있는 법
하늘의 소명엔 타협이 없는 법

객관적으로 보여지는 실체의 위치와
사건의 이유를 살펴 판단하고 방향을 정하되
주관이 정한 결정은 일말의 타협 없이 나가라

객관과 이유 속에서
주관과 소명 속으로

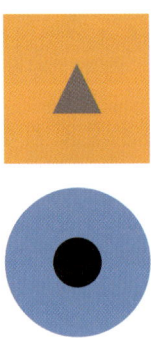

진면목

56장 진면목

지혜가 높은 사람은 행동이 모자란 듯 보이나

끝내 이루지 못하는 일이 없으며

영혼이 충만한 사람은 마음이 비워진 듯 보이나

쓰임에 다함이 없다

천상의 예술은 마치 유치하고 천하의 언변은 마치 어눌하니

불굴의 의지가 되려 바람에 나부낀다

낮은 듯 높아지고 작은 듯 많아지니

낮은 곳에 모자란 듯 작은 것에 어눌한 듯

누가 아는가

행동 속의 지혜를

마음 속의 영혼을

때가 와야 신년목이 드러나리라

무소유

57장 무소유

앎이 클수록 알음알이가 깊고
소유가 많을수록 마음이 고되다

아무 것도 모른다는 진실을 알고
낮은 곳에 임하는 지혜로 살라

굽힐 줄 알면 부러지지 않고
돌아설 줄 알면 생명을 보존한다

달은 기울어야 차고 대지는 겨울을 지내야 싹을 틔우니
비움의 삶을 기다림의 미학을

없어야 얻을 수 있으며
있어야 버릴 수 있으니
욕심을 없애 온정을 들이고
진실한 믿음으로 거짓을 버리라

드러내지 않는 것이 더욱 밝게 빛나며
뽐내지 않는 것에 큰 이룸이 있으니
버려야 할 모든 것을 버리고
담박하게 검소하게 진실하게

소유하지 않음을 소유하라

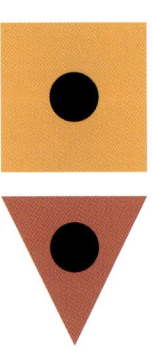

지금

58장 지금

현재를 누려라
미래는 그대의 것이 아니며
과거는 되돌릴 수 없으니
지금을 맘껏 누려라

미래를 걱정하는 자에게 충만이 없으며
과거를 후회하는 자에게 축복이 내리지 않는다
지금 그대의 발아래서 충만하고 팔을 벌려 축복 받으라

지금을 누리는 자에게는 시간과 공간의 권능마저
엎드려 경배하리라

그날이 오늘인지 알라
하늘이 축복한 최고의 날은
어제도 내일도 아니었으니
바로 오늘이라

오늘이 그날인지 알고
축복하고 사랑하고 나누라
찬란히 빛나는 그대의 영혼을

걱정으로 내일이 열리지 않으며 후회로 어제가 덮이지 않으니
그들이 그대로 오게 두어라 그대로 가게 두어라

오고 가는 모든 것에서
그대는 순간만이 영원함을 알리라
지금을 사는 자라야 영원하도다

진
실

59장 진실

쓴 소리는 약이 되고 단 소리는 힘이 된다

잘못이 있다면 바르게 지적하고
훌륭한 점이라면 부축이고 칭찬하라

말로 지적하기 전에 모범을 보이고
범례가 되는 일이라면 먼저 본 받으라

상벌을 분명히 하고 전후를 명철히 따져
일의 옳고 그름을 분별하라

쓴 소리도 달게 받아 그대의 잘못을 비추어 보고
단 소리는 쓰게 받아 다시 한 번 개선의 여지를 돌아보라

귀를 열고 마음을 열고 영혼을 열어
솔직히 진실을 인정하라

세상 무엇 하나도 헛된 이름이 없으니
세상이 비추는 모든 것 안에서
세상이 던지는 모든 말 속에서

그 안의 숨겨진 진실을 읽으라
그대에게 준비된 이야기를 찾으라

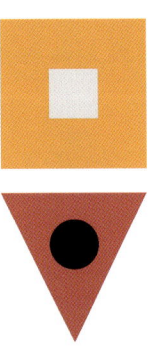

순서

60장 순서

첫 번째 할 일은 첫 번째에 두라
마지막 할 일은 마지막에 하라

나중 일을 먼저 하는 자는 언제나 남겨진 자로 남을 것이며
마지막 일을 하지 못하는 자는 꼬리가 붙어 다닐 것이다

첫 번째 일은 첫 번째에 하라 남들이 그대를 먼저 생각할 것이다
마지막 일은 마지막에 하라 남겨진 원한이 없을 것이다

마음의 깊이를 재고 상황의 앞뒤를 가려 일의 순서를 정하라
처음부터 끝까지 순서대로 하나의 이야기를 만들되
행하는 도중에 잘못을 알았다면 길을 멈추라

일의 중간은 수정의 기회가 있으며 회개의 기회 또한 있으나
일의 처음과 끝은 돌이킬 수 없으며 용서되지 않는다

처음과 끝이 잘못 되었음을 알았다면 길을 멈추고 일을 접으라
칼같이 자르고 돌아보지 말 일이다

일에는 순서가 있으니 중요한 일이 중요한 자리에
필요한 일이 필요한 자리에 있게 하라

순리는 거스르지 말며
순서는 바르게 정하라

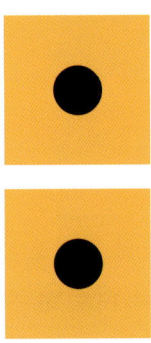

씨앗

61장 씨앗

생명 있는 모든 것에 신의 숨결이 있으니
함부로 여기지 말라 존중하고 사랑하라
그 씨앗이 움트면 먼저 이룬 자보다 크도다

그대 한 알의 밀알로 땅에 뿌려졌으니 땅에서 일어나라

땅의 인내와 땅의 고통 속에서
그대 스스로 꽃을 피우라
그대 스스로 열매 맺으라

하늘의 뜻이 그러하니 처음에
꽃을 주지 않음이요 열매를 주지 않음이라

그대가 스스로 생명의 영광을 이루니
그 영광은 생명으로 말미암았으니
온전히 그대를 축복하리라

대지에 버려진 모든 씨앗은 썩어버려라

흙내음 가득히 땅에서 땅으로
번성하리라

관조

62장 관조

슬픔이 슬픔이게 하라
기쁨이 기쁨이게 하며
사랑이 사랑이게 하라
이별이 이별이게 하라
분노가 분노이게 하고
연민이 연민이게 하라

오거든 받고 가거든 보내라
무엇이 오고 있는지 보고
무엇이 가고 있는지 보라

많게도 말고 적게도 말고
막히지 말고 키우지 말아
있는 그것이 오직 그만큼이게 하라

없는 것 속에서 있는 것을 보고
있는 것 속에서 없어질 것을 보되
보이는 것을 볼 뿐 만들어 믿지는 말라

그대의 판단이 진실을 왜곡할 때
진실은 그대의 길을 다시 왜곡하니
선입견으로 그대는 길 없는 길을 헤매리라

판단치 말고 보라 미리 가지 말고 서라
보여지는 만큼만 볼 수 있는 만큼만

한 번에 하나 씩
하나 씩 한 번에

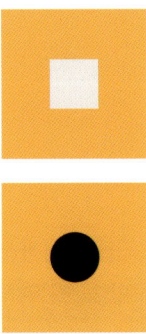

자연

63장 자연

자연은 무릇 오는 것에 담담하며
가는 것에 연연하지 않는다
자연의 하나처럼 비워져 튼튼하게
소박하게 꾸준하게 자연과 동행하라

때가 오면 받아들이고 자리가 아니면 떠나가니
자연은 거짓을 말하지 않으며 스스로를 꾸미려 하지 않는다

자연은 더 낮은 것을 생각하지 않으며
굳이 더 좋은 것을 바라지 않으니
자연은 투박하나 생명이 넘치며 순수하여 탐닉하지 않는다

자연은 두텁게 쌓으니 천박하지 않고
소박하게 누리니 화려하지 않아
순간 순간에 충실할 뿐 다투어 가지려 하지 않는다

자연스런 행동은 자유롭고 자연스런 얼굴은 충만하니
그대의 빛을 꾸미려 하지 말고 그대의 말을 보태려 하지 말라

자연의 하나처럼 젖어 들어
생명의 자연스런 모습으로 살아가라

세상이 만든 모든 예절과 격식으로
자연스러움을 결박하나 그 생명은

얄팍한 지식을 뛰어넘고
거짓된 교양을 비웃나니

오직 자연만이 그 시원의 생명을
거듭나게 하리라

중심

64장 중심

선 곳이 안정되어야 앞으로 나아갈 수 있고
흔들림이 없는 뜻이라야 비로소 도모 할 수 있으며
마음을 비워야 유연할 수 있고
아직 미세할 때에야 다스릴 수 있다

아름드리 나무도 작은 씨앗에서 시작하고
구층 석탑도 돌 한 조각에서 비롯하니
모든 것은 이미 발 아래에서 시작된다

그 끝 가지를 보고 병의 깊이를 알고
그 싹을 보고 그 열매의 크기를 알라

어릴 때 다스리고 작을 때 고치라
중심을 바라보고 곁가지는 자르라

모든 일에 최선을 다하되 늘 차선을 준비하라
마지막까지 자선이 없는 듯 나아가고
다시금 선택한 차선에는 최선을 다하라

무릇 일이란 다 됐다고 하는 마음에서 곧 패배로 돌아서니
처음 마음으로 끝끼지 중심을 집고 신중하고 자중하라

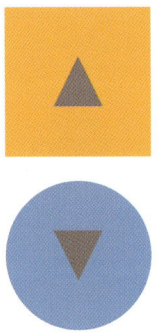

거리

65장 거리

내가 있어 네가 있음이요 네가 죽어 나 또한 사멸하니
이것과 저것은 서로 마주한 후에야 숨쉬고 있음을 보라

그대의 시작이 타인에게는 끝이며
그대의 말단이 타인에게는 중심일 수 있다
그대가 옳다면 타인도 그처럼 옳을 수 있음을 알라
입장이 바뀌면 내 말이 네 말이고 네 말이 내 말이니
이유 없는 무덤이 있던가 용서 못할 죄악이 있던가

극단에 치우쳐 서지 말라
큰 진리 앞에선 진실이 거짓이며
낮은 생각 속에선 거짓도 진실이니
오고 가는 틈이 있음을 보라 양보의 접점을 찾으라

영혼마다 서로에게 주어진 거리가 있으니
내 것과 네 것을 견주어 적당한 거리에서
그 온전한 생명이 빛나게 하라

끌어 안아야 하는 것은 더욱 다가서고
적당히 떨어져야 하는 것은 물리쳐
알맞은 거리를 유지하고 알맞은 긴장을 견지하라

큰 바퀴로는 천 년의 역사를 만들고
작은 바퀴로는 일상의 기적을 이루어

큰 것은 큰 것대로 작은 것은 작은 것대로
그 자리에서 그 역할을 할 수 있게 하라

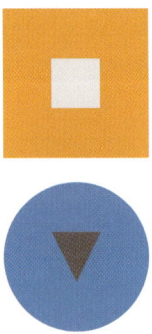

차
례

66장 차례

큰 일은 크게 보고 작은 일은 작게 보라
먼저 할 일은 먼저 하고 나중 일은 나중에 하라

큰 일을 작게 생각하면 후회가 깊고
작은 일에 크게 걱정하면 몸이 상한다

먼저 할 일이 나중에 있으면 결과가 작고
나중 일이 먼저 나오면 일에 경중이 없어진다

일에는 무릇 경중과 순서가 있으니
무게를 실어야 하는 일에 알맞은 무게를
차례가 있는 일에 알맞은 차례를 세우라

일이 되어가는 모습을 보고 무엇이 가고
무엇이 오고 있는지 보라

비가 오기 전에는 구름이 끼고
태양이 뜨기 전에는 여명이 비춘다

작은 것을 살펴 큰 일을 대비하고
미리미리 살펴 재앙을 막으라

깨어있으면 볼 것이요
이유가 분명해야 일을 것이다

본능

67장 본능

본능으로 보고
영감으로 말하라

생각을 지우고 마음을 비우고
생명의 신비까지 그 바닥까지 내려가
본능의 소리를 들으라

이성을 넘어서 일반을 초월해
정수리의 빛으로 영감을 드러내라

본능의 소리를 좇는 그대는 영생이나
생각의 말미를 밟는 그대는 파멸하리라

삶이 준비한 그대의 이야기는
본능만이 아는 비밀 영감만이 이루는 열매

긴 항해에서 빛 하나 기댈 수 있음은
늘 그 자리의 북극성이니
본능과 영감만이 그 길을 지키고 서리라
그대가 이룰 세상을 말하리라

순수의 본능에게 내려가 물으라
영원의 영감에게 그 몸을 내맡겨라
본능적으로 피하고 시작하고 돌아서라
영감으로 표현하고 대화하고 계획하라

본능은 그대의 질문에 대한 대답이고
영감은 그대의 대답에 대한 질문이다

숨

68장 숨

대자연의 충만한 숨결을 들이쉬고 내쉬라
앉으나 서나 크게 들이쉬고 천천히 내쉬라
가닥을 잡아 들어오는 숨을 보고 나가는 숨을 알라

기운을 단전과 단전 사이에 오가게 하며
숨결을 지체의 끝자락까지 닿게 하라

세상의 모습대로 들이쉬고
자신의 색깔대로 내쉬라
받아들이는 마음은 비우고 내리되
펼쳐보이는 뜻은 채우고 높여라

오고 가니 생명이며 머무르니 죽음이라 들이고 내어
생명을 아끼고 사람을 사랑하고 참된 진리와 동행하라
뜻한 바대로 가리니 가슴을 열어 바라고 두 손을 펼쳐 받으라
뜻한 바대로 오리니 남김없이 나누고 가족처럼 반기라

삶과 죽음이 한 호흡 안에 있으니
한 자락도 쉬이 여기지 말고
들이쉬고 내쉬어 몸 안에 청정을 다하라

숨이 가면 죽음이 오고
숨이 돌면 생명이 온다

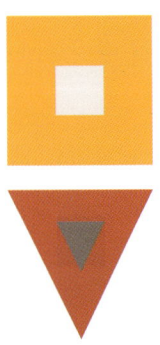

자리

69장 자리

자신이 서있는 세상보다 멀리 내다보려
발꿈치를 들어 올리지만 오래 서지 못하리라
자신이 본 세상보다 멀리 가려 발걸음을
넓히지만 멀리 갈 수 없으리라

잡으려면 시들어지고 보려 하면 멀어지며
자랑하는 것은 오래지 않으니
그대의 것이 아닌 것이 끝내 떠날 것이다

오직 그대의 것이 드러내지 않아도 드러나고
보이려 하지 않아도 눈에 띄니 머문 곳이 없어도
나온 문이 없어도 스스로 울려 퍼져 세상에 가득하리라

그대의 자리를 알고 지켜라
자리에서 일어나 주위를 보고
그대를 알고 갈 곳을 바라보라

타인의 가치를 알아주는 지혜를 갖고
자신의 한계를 아는 명철을 지녀라

그대가 그대의 자리에 있을 때
일이 가치가 있으며
생명이 빛을 발하고
마음과 몸이 평화를 얻는다

그대의 자리에 그대가 그대이다

바
로

70장 바로

말에는 뿌리가 있고 일에는 중심이 있다

하늘의 말은 간단하고 땅의 일은 편안하다

세상의 일은 작은 것에서 시작하고

쉬운 것부터 살피니

보이는 것부터 명확히 하라

그 근본을 알지 못해

그 시원을 보지 못해

일은 가닥이 엉키고

문제가 또 다른 문제를 만드니

뿌리를 다스리고 중심을 주관하라

돌아가지 말고

둘러 생각하지 말고

바로 가고

바로 히리

몸

71장 몸

아침에 일어나 기지개를 활짝 펴라
가락의 마디마다 털 끝의 숨결까지
그대의 몸이 깨어남을 느끼라

물로써 안의 몸을 씻고 불로써 밖의 몸을 데우라
몸은 영혼의 지성소이니 깨끗이 하고 튼튼히 하라

깨끗하지 못한 몸의 영혼은 어둡고
튼튼하지 못한 몸의 마음은 실없다

몸의 대답은 지성보다 가깝고
몸의 판단은 지혜보다 빠르니
몸의 소리를 듣고 행하라

마음은 편한 곳에 두고 몸은 바른 곳에 처하라

몸이 가지 않는 곳에서는 마음이 또한 멀어지니
몸이 원하는 것을 보고 따르라

알맞은 음식을 먹고 편안한 옷을 입어
그 몸의 즐거움 받들라

그대의 몸을 아껴야 타인의 몸이 귀한지 알며
그대의 몸이 즐거워야 타인이 그 기쁨을 나눈다

그대의 몸은 그대의 것이 아니니
몸을 손님처럼 대접하고 몸을 아이처럼 받들라

제사

72장 제사

태양의 시간을 따라 새해 첫날
달의 시간을 따라 팔월 보름날

몸을 정갈히 하고 마음을 하나로 모아
조상의 넋을 기리고 조상의 얼을 되새겨라

촛불로 그 혼령을 부르고
향으로 몸과 마음을 씻어내
꽃으로 은덕을 찬양하고
과일로 그 생명 주심을 감사하며
술로써 서로가 서로 그 날을 축복하라

제사를 통해 세대와 세대가 만나
하나의 마음을 하나의 정신을 가르치고 반성하고 되새겨라
또 다른 바람을 또 다른 삶을 이해하고 공감하고 기도하라

세월이 영원 속에서 선택이 세상 속에서
어디로 가는지 알 수 없으나 무엇을 찾는지 볼 수 없으나
조상의 넋이 그 길을 도우리라
삶과 죽음의 문턱에서 늘
생명으로 이끌리라

조상의 넋은 그대의 본질이 조상의 얼은 그대의 뿌리가
돌아갈 또한 돌아올 자리니

무릎을 꿇고 이마를 숙여 그 핏줄된 자로서
조상을 기림에 정성을 다하고
그 축복을 받음에 당당히어라

처음

73장 처음

먼 길을 왔는가 돌아보면 시작은 작았노라
많은 것을 쌓았는가 돌아보면 처음은 보잘 것 없었노라

세상의 모든 일이 처음에는 다 하나의 생각이었으나
그 끝에 와서는 기적이 되고 역사가 되는도다

시작하는 사람의 마음은 작지만 크고
시작하는 마음을 잃은 사람은 크지만 작도다
밀알 같은 생각은 마음으로 다지고 몸으로 실천하라
생명 같은 믿음은 꿈에선들 잊지 말고 죽음마저 넘어서라

처음의 마음을 지키는 자는 그 끝에 참된 영광을 보리라
바람만큼 이루어지는 것이
삶이니 꿈을 꾸는 그대가 삶보다 아름답구나

생각을 바르게 행동을 바르게 말을 바르게 하라

바르게 시작된 것이
바르게 결실을 맺으리니
먼지 같은 잘못도 용서치 말고
터럭 같은 삿됨도 용납치 말라

처음의 발길은 쉽기에
이것과 저것의 이름이 다르지 않으나
나중의 열매는 꿀보다 달고 재보다 쓰도다

처음 발길을 신중히 하고
처음 마음은 끝끼지 지켜라

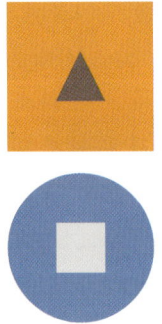

최선

74장 최선

바탕을 깨끗이 하고 기초는 튼튼히 하라
생활은 검소하고 의복은 소박하고
언행은 신실하게 하라

베풀 때는 민첩하고
따져볼 땐 차라리 우둔하라

자존심은 거두고 자긍심은 세우라
스스로 몸을 값있게 하여 천박하고 어리석은 것에
그대의 진주를 던지지 말라

처음부터 어렵게 다가서면 못내 어려운 것이 없으니
시련을 딛고 햇살을 맞으라

아름다운 말은 향기가 멀리 가고
진실된 하루라야 후회가 없으니

슬기롭게 어질게 참되게

하루하루
숨결마다 손길마다
최선을 다하라

때

75장 때

때에 맞춰 오고 가라
씨 뿌릴 때 씨를 뿌리고 일을 할 때 일을 하고
잠들 때는 잠을 자라

지혜를 쌓을 때는 지혜를 쌓고
사랑을 나눌 때는 사랑을 하라
사람은 모두 때가 있으니 그 때를 알고 행하면
영광이 그 몸을 받든다

나아갈 때라면 투쟁으로 맞서고
물러설 때라면 인내로써 참아내라
계절이 정한 때를 보고 사람이 아는 때를 찾아
하늘이 주는 때에 가라

하늘과 땅의 시간을 인내로 기다리고
사람의 때를 성실히 계획하고
일의 때에 주저 없이 행동하라

그 때를 보지 못하면 진실은 어둠 속에 잠들고
삶은 고난의 연속이며 영혼은 구원이 없으니
그 때에 가지 못하면 아이는 영악으로 빠지고
젊음은 방종으로 치닫고 늙음은 과욕하기 쉬우니

그 때를 알았을 때 추상같이 움직이고
인내로써 인내하고 영광으로 보답 받으라

할 때는 하고 갈 때는 가라
버릴 때는 버리고 채울 때는 채우라
그 때에 그 일을 하고 그 일은 그 때에 하라

다음

76장 다음

청은 남에서 나나 남보다 푸르고
얼음은 물에서 생기나 물보다 차니
머무르지 말고 뛰어 오르라

어제보다 나은 내일을 위해
그토록 꿈꾸어 오던 오늘을 위해
힘차게 뛰어 오르라

앞에서 끌어주고 뒤에서 밀라
서로에게 발판이 되고 서로에게 격려가 되라

모자란 것은 들어서 올리고 넘치는 것은 덜어내 내려
모나지 않게 어깨를 맞추라

하루하루 진보하고 순간순간 변화하며
더 나은 세상을 꿈꾸고 더 나은 자신을 소망하라

다음 세대에게 넘겨줄 전통을
다음 세상에서 누려야 할 축복을
늘 다음에 올 사람들을 위해 준비하라

새로운 사람
알맞은 사람이 오면
그 자리에 그 사람이 있게 하라

부활

77장 부활

부활은 죽은 자의 몫이니
타락한 생명이 정화의 불꽃을 마시리라
돌아갈 곳이 없나니 회개할 것이 없나니
순수의 피는 영혼을 마시도다

파괴를 일삼던 자라도 종말을 삼키던 자라도
은총의 빛이 그를 이끌어 어둠을 물리치면
순결한 눈물이 강물이 되리라 생명의 젖줄이 되리라

거듭나고 거듭나라
부활하고 정화되라
날마다의 투쟁에서 죽음과 삶의 사선을 넘어
영원의 생명이 승리 할 수 있도록 그대 스스로 구원하라

죄가 깊은 자는 구원 또한 높으니
죄는 죄 낳기 위함이 아니라
구원의 선택이며 부활의 약속이다

새 생명을 간절히 원하는 사람의 사람아
그 원하는 바대로 받을 지니 죽음을 통해 부활하라

상처가 아물고 치유의 시간이 흐르면
어둠 속에 빛처럼 다시 만나리니

부활의 노래를 부르라
생명의 찬미를 바쳐라

일

78장 일

일을 할 수 있는 사람은 일을 미루지 않는다
일을 할 수 없는 사람은 또 다른 핑계를 만든다
일을 할 수 있는 사람이 일을 맡게 하라
일을 미루는 사람은 일에서 제외시켜라

일에 맞게 사람을 쓰고
사람에 맞게 일을 분배하라
성실한 자를 꾸준하게 일을 하게 하고
기술이 필요한 일에 기술자를 들여라
모든 일에 마땅한 자가 있으니
가치가 가치를 만들 것이다

그대의 감정을 일에 결부시키지 말고
사람의 능력을 주관적 판단에 맡기지 말라

능력에는 높낮이가 있고
감정에는 기복이 있나

높지 않게 낮지 않게
넓지 않게 좁지 않게
사람과 일을 견주어 쓰라

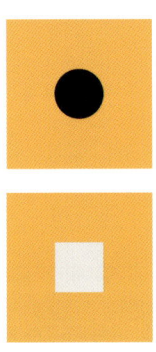

울
타
리

79장 울타리

더디 가도 함께 가라
한 사람도 남겨지지 않도록
한 영혼도 버려지지 않도록

높은 자는 높은 곳에서 소명을 다하고
낮은 자는 낮은 곳에서 책임을 다하여
함께 가는 서로가 인생의 길벗이 되라

먼저 다가서고 먼저 손 내밀어
낮은 것은 채워주고 지나친 것은 덮어주고
모르는 것은 가르쳐 나중까지 기다리고 나중까지 보살펴라
더불어 한 울타리를 영위하라

종교의 울타리를 넘어서
문명의 울타리를 넘어서
인종의 울타리를 넘어서

사람과 사람이 상처 받지 않는
생명과 생명이 부딪치지 않는
울타리와 울타리가 공존하는

하나의 큰 울타리
영원한 진리의 울타리를 만들리

시나브로

80장 시나브로

꿈엔들 잊을 그 땅은 시나브로
시나브로 온다
하루아침 그대의 혁신이
그대의 열정이 그대의 사랑이
열매 맺길 바라지 말라

역사는 혁명이 아닌 일상의 기도니
하루하루 변해가고 다가가는 것이다
소중한 어떤 일도 하루 아침에
이루어지길 바라지 말라

그날이 올 때까지 기다리는 마음을
일상이 영원으로 가는 소박한 마음을
가꾸고 사랑하라

쉽게 오는 것이 쉽게 갈 것이다
못내 어렵게 처음처럼 늘 그렇게
하루하루 살아갈 때 마지막이
처음처럼 이루어져 있으리라

기다리는 자는 기다려 얻을 것이나
떠나는 자는 떠나 잃을 것이다
일상 속에서 부대끼며 살아가라
사람의 살내음 가득히 더불어 살아가라

죽는 날이 오더라도 남은 바람이 없도록
미운 날은 미운 날로 좋은 날은 좋은 날로
그처럼 기꺼이 받아들여라 그처럼 소중히 담아내리

땅

81장 땅

땅에 입맞추라
눈물에 정화된 생명이여
그대의 아비가 또 아비의 아비가
그리고 그 아비가 묻힌 이 땅의 힘찬 고동을

땅에 입맞추라 불꽃이 세례한 사람이여
그대의 어미가 또 어미의 어미가
그리고 그 어미가 태어난 이 땅의 벅찬 숨결을

그대를 위한 오늘을 위해
그대의 모든 아비와 그대의 모든 어미가
이 땅에 잠들어 있나니 그대 그 땅을 밟고 나가라
그리하여 그대 두 발에 솟아나는
영광과 축복을 누려라

땅으로 땅에서 가슴을 맞대고
이마를 맞추어 경배하고 사랑하라
그대 어미의 넋을 잊을 때 천지에 설 곳이 어디며
그대 아비의 혼을 잊을 때 더 이상 갈 곳이 어디리
그대의 아비가 어미가 그러했던 것처럼

그대도 그대의 시간이 오면 다음에 오는 어린 영혼들을 위해
아비 된 자로 어미 된 자로 땅으로 돌아가라

땅에서 온 모든 자들아 흔적도 없이
혼만 남아 넋만 남아 처음처럼
땅으로 돌아가리

원리

제2장

1
삼태극

삼태극의 의미

우리 조상들은 3을 신성한 수로 여겨왔다. 한민족에게 3은 민족신앙의 철학적 근거가 되는 숫자이다. 환웅은 하늘로부터 천부인 3개를 받아 통치의 기틀을 마련했으며, 태양에 산다는 세발 달린 새의 이름은 삼족오다. 고구려의 상징은 삼족오다. 최치원은 유불선 삼교를 통합하여 풍류도를 만들었다. 3을 근본철학으로 하는 우리 조상들은 정월 초사흘, 3월 삼짇날, 10월 초사흘이 되면 장독대에 정화수를 떠 놓고 기도를 올렸다. 신성을 상징하는 완성의 수 3은 여러 종교에서도 그 연원을 같이 한다. 기독교에는 성부·성자·성령의 삼위일체가 있으며, 불교에는 제행무상·제법무아·일체개고의 삼법인이 있다. 그리고 유가에는 삼강이 있으며, 노자는 자애·검소·겸양의 삼보를 중요하게 여겼다. 이렇게 3은 인류가 받드는 숭고한 가치다. 한국에서 3의 철학을 대표하는 상징은 삼태극三太極이다. 삼은 3개를 뜻하니 하늘과 땅 그리고 사람을 뜻한다. 3은 완진수다. 모든 형태는 3으로 온전한 균형을 삼는다. 다음 태太는 태초를 뜻하고 완전함을 뜻한다. 숭고함과 시원을 일컫는다. 시작이라는 뜻이다. 마지막 글자 극極은 다다를 수 있는 끝을 말한다. 더 이상 쪼갤 수 없다는 뜻이다. 그래서 본질이 된다. 그래서 삼태극은 '태초의 씨앗 세개'를 뜻한다. 삼태극은 풀이하자면 시작과 끝이다. 그 삼태극을 각각 이름하면 하늘, 땅, 사람이다. 삼태극을 보면 원의 중심으로 하늘과 땅과 사람이 회오리 쳐 돌아가는 모습을 하고 있다. 하늘은 푸른색이고, 사람은 빨간색이며, 땅은 노란색이다. 하늘은 진리를 뜻하고, 사람은 사랑을 뜻하고, 땅은 생명을 뜻한다. 모두 각각 다른 의미로 있으나 또한 늘 함께 있다. 위치에 따라 나뉘어져 세상을 받드나 그 하나의 근본은 다르지 않다. 서로 다른 셋은 중심에서 하나가 된다. 다시 그 중심에서 셋으로 뻗어나가지만 그 심원은 마르지 않는다. 그래서 셋으로 나뉘어져야 본질을 만드나 그 본질은 늘 원 안에서 하나다.

삼태극과 동그라미 세모 네모

삼태극은 생명창조의 순서를 설명한다. 푸른색 하늘은 1이고, 노란색 땅은 2며 빨간색은 사람으로 3을 나타낸다. 1은 시작의 수가 되고 2는 대립의 숫자가 되며 3은 완성이 수가 된다. 3은 2와 달리 대립을 넘어 소통과 화합을 의미한다. 태초의 하나는 반드시 둘로 나뉘고 둘은 다시 셋으로 합일을 이루는 발전과정이 생명의 이치다. 이렇게 반복되어 만물이 생성된다. 도덕경 42장 첫 구절은 '도생일 일생이 이생삼 삼생만물 道生一 一生二 二生三 三生萬物'이다. 생명의 신비는 하나로부터 시작한다. 하나는 둘로 나뉘어지고 둘은 셋으로 완성을 이루고 셋은 만물과 소통한다는 뜻이다. 1은 태초의 탄생을 뜻하며 2는 변증하여 발전하는 만물의 성장이며 3은 대립을 넘어선 완성의 경지를 뜻한다. 소통의 자리가 3의 자리다. 만물이 생성되는 길은 하나가 둘로 나뉘고 둘은 셋으로 발전할 때 만물이 열린다고 말한다. 그래서 1은 하늘의 진리를 뜻하고 2는 땅의 생명력을 뜻하며 3은 인간의 윤리를 뜻한다. 그것을 그 성품에 따라 도상으로 상징해내면 하늘은 동그라미가 되고, 땅은 네모가 되며, 사람은 세모가 된다. 동그라미는 파란색 하늘이 되고, 네모는 노란색 땅이 되며, 빨간색 세모는 사람을 상징한다. 이 우주에 존재하는 모든 사물과 생명을 그려 본다면 동그라미, 세모, 네모의 형태로 귀결된다. 가장 단순하고 가장 보편적인 존재의 실제모습이다. 태양은 동그랗고 집은 네모며 나뭇가지는 세모로 펼쳐진다. 눈동자는 동그랗고 몸은 네모며 하트는 세모다. 그래서 아이들은 그림을 배울 때 동그라미, 세모, 네모부터 그리기 시작하고 아이들의 장난감 속에는 모두 동그라미, 세모, 네모가 색색깔로 표현되어 있다. 가장 본질적이고 가장 쉽다는 뜻이다. 생명의 본질이 동그라미, 세모, 네모에 담겨있다.

하늘	**天 동그라미** 동그라미는 만유가 하나로 통일되는 자리이니 처음도 끝도 없으며 가운데와 가장자리가 없는 일체 평등의 자리다. 하늘이니 불생불멸의 진리를 표상하며 선악과 애증을 벗어난 무심허공의 적멸처를 이름한다. 정신의 숭고함은 오고 감에 막힘이 없고 자유로운 영혼은 삼세를 관통하니 동그라미는 시공을 넘어 영원하다.
사람	**人 세모** 사람은 사람과 더불어 함께 서니 세모는 변화의 상징이다. 오고 가는 만법의 정리를 통행 소통하고 하늘과의 교감은 생명을 새롭게 한다. 사람은 하늘아래 땅 위에 존엄하니 비로소 완성을 이룬다. 셋은 소통과 나눔을 통해 현묘한 이치를 이룬다. 나누면 셋이요 합하면 하나가 되는 묘법이 그 안에 있다.
땅	**地 네모** 네모는 지평으로 뻗어나 모든 생명의 모태가 되니 생명을 잉태하고 보존한다. 땅은 모든 생물을 생육하나 소유치 않고 땅은 모든 허물을 덮어 용서하니 진정한 생명의 어머니가 된다. 생명은 생명마다 서로 다른 차별상으로 존재하니 서로의 영역은 명확하고 선명하다.

삼태극과 유불도

고운 최치원崔致遠(857~?)은 난랑비서에서 "집에 들어온즉 효도하고, 밖으로 나간즉 국가에 충성함은 공자의 취지와 만나고, 인위적으로 일을 처리하지 않아도 만사를 이루어지게 하며 이를 말없이 실천함은 노자의 가르침이다. 또한 한 순간도 악한 일을 하지 않고 모든 선을 받들어 실천함은 석가의 가르침이다."했다. 유불도 삼교가 한민족 사유의 바탕이다.

그래서 삼태극에는 유불도의 철학이 함께 응집돼있다. 첫 번째 불교는 상징적 체계로 본다면 동그라미 철학이다. 싯다르타의 처음 말씀은 천상천하 유아독존이다. 이 세상 그 누구보다 귀하고 존엄한 존재가 바로 나라는 뜻이다. 불교가 사성제와 팔정도를 통해 얻고자 하는 궁극의 목표는 해탈이다. 일체가 하나고 우리의 법신이 청정한 본래 그대로 부처라는 말이다. 자타불이의 하나 된 세상이 불교가 꿈꾸는 동그라미 철학이다. 두 번째 유가의 철학은 집약하면 인仁이다. 수많은 관계들 속에서 우리는 살아가고 있다. 이러한 관계 속에서 올바른 소통은 오직 인의 사랑을 중심에 둘 때 이룰 수 있다. 사람은 서로의 마음을 나누고 아낄 때라야 비로소 사람이라 할 수 있다. 진실되고 정성된 사랑의 실천을 유가는 말하고 있다. 수많은 관계 속에서 상처 받지 않고 지혜롭게 서로의 마음을 어루만지는 관계론의 비밀을 유가는 완성해 냈다. 그것이 바로 세모 철학이다. 세 번째 네모의 철학을 완성한 것은 도가다. 노자는 생명의 본처를 주장한다. 이성을 내려놓고 자연스러움을 바탕으로 검소하고 소박하고 건강하게 살아가라고 말한다. 건강함은 몸에서 비롯한다. 이 몸을 아끼고 사랑하며 서로의 경계를 인정하는 철학을 노자는 말하고 있다. 모든 것이 대립을 통해 존재하지만 그 대립을 넘어서 생명의 본처가 하나라는 뜻이니 개별성과 특수성이 곧 존재의 모습임을 인정한다. 너와 내가 서로 다름을 있는 그대로 거짓되지 않게 표현하는 그 철학을 노장은 만들어 냈다. 그것이 경계를 인정하고 자연을 보호하는 네모 철학의 본질이다. 불교가 일체융합의 동그라미 철학이라면, 유가는 소통과 나눔에 대한 세모 철학이고, 도가는 생명과 자연을 보호하는 네모 철학이다. 불교가 정신의 일체를 말하고 있다면, 유가는 사람 사이의 정리와 도덕의 실천이며, 도가는 무위자연의 생명철학으로 건강과 생명을 노래하고 있는 것이다. 선조들은 삼태극을 통해 한민족은 유불도 사상의 핵심을 후손들에게 간결하고 선명하게 전달하고 있다.

3의 세계관 분류표

이름과 모양	●	▲	■
삼재	하늘	사람	땅
숫자	1	3	2
종교	불교	유교	도교
성인	석가	공자	노자
삼법	진리	사랑	생명
색깔	파랑	빨강	노랑
흑백	검은색	회색	하얀색
천부인	천인	인인	지인
천부성물	거울	방울	칼
의미	통합	소통	분리
삼성	정신	마음	몸
삼극	무극	태극	반극
가족	아빠	자식	엄마
삼성	환웅	단군	웅녀
삼위	성부	성령	성자
도교	자애	검소	겸양
유교	인(仁)	예(禮)	의(義)
불교	불(佛)	승(僧)	법(法)
삼부	입법부	행정부	사법부
행성	태양	별	달
음양	플러스(+)	제로(0)	마이너스(−)
성음	초성	중성	종성
원자	양성자	중성자	전자
삼세	미래	현재	과거

2
여섯본새

여섯본새라 함은 여섯 개의 기본 모양새를 뜻한다. 근본이 되는 모양을 뜻하니 모두 6개의 형태를 이룬다. 그 여섯은 양의 삼태극과 음의 삼태극으로 이루어 진다. 이는 음양의 조화를 뜻한다. 만물은 서로 마주하고 대립하여 존재를 유지하고 있다. 중력과 원심력이 그러하고 밤과 낮이 그러하다. 하늘과 땅이 만나 세상이 되고, 남자와 여자가 만나야 생명이 탄생한다. 음과 양이 대립해야 비로소 만물이 생성된다. 대립은 존재가 다음 존재를 낳기 위한 방식이 된다. 그래서 첫 번째 하늘, 땅, 사람은 두 번째 하늘, 땅, 사람과 대립하게 된다. 첫 번째 하늘, 땅, 사람이 양陽이라면 두 번째 하늘, 땅, 사람은 음陰이 된다. 남성적인 천지인이 있으면 여성적인 천지인이 있다. 서로 같은 모습을 하고 있으나 서로 다른 역할을 하는 것이다. 음과 양이 서로 대립해야 존재가 유지되는 것과 같다. 그래서 여섯본새란 양의 삼태극과 음의 삼태극을 말한다. 형태는 같지만 색깔이 다르고 크기가 다르다. 양의 삼태극은 남성이니 색깔이 화려하다. 크기가 크고 밖에 위치한다. 음의 삼태극은 여성이니 수렴하여 작아진다. 흑과 백의 단순함으로 그 본성을 표현한다. 음의 기운이 강하므로 안에 자리한다. 삼태극의 본성은 한 번은 음으로 표현되고 한 번은 양으로 표현된다. 그렇게 여섯 개의 동그라미 세모 네모가 하늘그림을 만드는 기본적인 모양새가 된다.

양의 삼태극과 음의 삼태극

양의 삼태극		음의 삼태극
	하늘 : 하늘은 원융무애한 진리를 뜻한다. 땅 : 땅은 만물의 생명력을 뜻한다. 사람 : 사람은 소통과 도덕을 뜻한다.	
하늘	**천天 동그라미** 양의 동그라미는 파란색이며 밝게 빛난다. 태양처럼 떠올라 세상을 비추는 빛이 된다. 음은 동그라미는 검은색이며 깊고 검다. 우주의 깊은 블랙홀이다.	하늘
사람	**인人 세모** 양의 세모는 붉은색이며 따뜻하고 새롭다. 사람과 사람이니 소통하고 창조한다. 음의 세모는 회색이니 중심을 뜻한다. 우주에 사람은 홀로 우뚝하다.	사람
땅	**지地 네모** 양의 네모는 노란색이며 단단하고 풍요롭다. 대지의 생명이니 끝없이 펼쳐진다. 음의 네모는 하얀색이며 맑고 청명하다. 우주의 밝은 화이트홀이다.	땅

3
아홉뿌리

뿌리는 근원이다. 뿌리는 바탕이다. 뿌리가 다르면 열매도 다르다. 서로 다름의 시초는 뿌리가 된다. 삼태극이 여섯본새로 나뉘고 여섯본새가 음과 양으로 서로 만나면 아홉뿌리가 된다. 이는 자음과 모음이 만나 글자가 되는 이치다. 글은 본래 자음과 모음이 만나야 하나의 글자를 만들어 낸다. 남자와 여자가 만나면 생명이 탄생하는 이치다. 그래서 양의 삼태극과 음의 삼태극이 만나면 3×3이 된다. 3^2은 9다. 이 아홉이 서로 다른 지류의 시원이 되니 아홉뿌리라 한다. 아홉뿌리는 천지운행의 기본변수가 된다. 주역이 팔괘의 변수 건-곤-감-리-진-태-간-손으로 정의되어 64괘를 만들어낸다면 하늘그림은 아홉뿌리 즉 한-띠-샘-솔-빛-참-단-길-울로 정의되어 81괘를 만든다. 81괘가 하늘그림이다. 한띠샘은 하늘에 속하고 솔빛참은 사람에 속하며 단길울은 땅에 속한다. 양의 삼태극 중 첫 번째 푸른하늘과 음의 삼태극 중 첫 번째 검은하늘이 만나면 한이 된다. 순서대로 양의 삼태극 중 첫 번째 푸른하늘을 바탕으로 음의 삼태극 하늘, 사람, 땅을 하나하나 배치하면 한-띠-샘이 순서대로 만들어진다. 그렇게 9개의 뿌리는 한-띠-샘-솔-빛-참-단-길-울이 된다. 한띠샘 솔빛참 단길울은 모두 순우리말이다.

유물유심의 합일수 9

9는 유심과 유물이 만나는 수다. 7이 유심론의 숫자라면 8은 유물론의 숫자다. 서양에서는 럭키세븐Lucky Seven이고 동양에서는 심장을 상징하는 숫자가 7이다. 행운은 행운을 믿는 마음에서 시작한다. 7이란 숫자는 마음을 대표하는 숫자다. 탱화에 칠불七佛이 있다. 칠불은 과거의 일곱 부처님을 뜻하고 그 일곱 부처님의 공통된 가르침을 칠불통계라 한다. 이 칠불을 그릴 때 여섯 부처님은 오른쪽을 보고 마지막 한 분만 왼쪽을 보고 있다. 마음이 모든 것을 돌린다. 여섯 명이 모두 그렇다 해도 이 마음 하나가 아니면 그 길을 갈 수 없다. 그래서 일체유심조一切唯心造는 불가 가르침의 핵심이다. 일체만물의 옳고 그름이 이 마음 안에서 모두 만들어진다는 불가의 뜻이다. 그러므로 7은 심론을 대변한다. 7이 유심이라면 8은 유물이다. 주역은 음양팔괘의 사상이다. 건-하늘, 곤-땅, 감-물, 리-불, 진-번개, 태-호수, 간-산, 손-바람 이 여덟 가지가 우주를 이루는 물질의 기본요소다. 이 여덟 가지가 서로 만나 상하가 구분되고 영역과 역할이 나뉘어 진다. 그래서 64괘가 나온다. 64괘는 오차없이 천지운행의 순리를 설명한다. 그래서 절차와 형식은 유가의 가르침이다. 예와 절을 통해 마음을 갈무리 하는 것이다. 7이 불가의 심론이라면 8은 유가의 물론이다. 유심과 유물은 9에 와서 하나가 된다. 유심이 유물과 대치하지 않고 유물이 유심을 허물지 않는 현묘한 이치 즉, 깊고 깊으면서 신비한 소통이 9에서 이루어지게 된다. 9는 그래서 노장의 숫자가 된다. 도덕경은 모두 81장으로 이뤄진다. 노자는 3의 변수를 귀하게 여겼다. 숫자로 본다면 불가는 7, 유가는 8, 도가는 9의 철학이다. 유불도 삼교는 9에서 하나로 관통한다. 공자는 구이九夷에 살고 싶다고 했다. 9의 현묘한 이치를 실현한 활 쏘는 민족. 유물과 유심이 만나는 합일수가 9다.

하늘그림 아홉뿌리 생성도

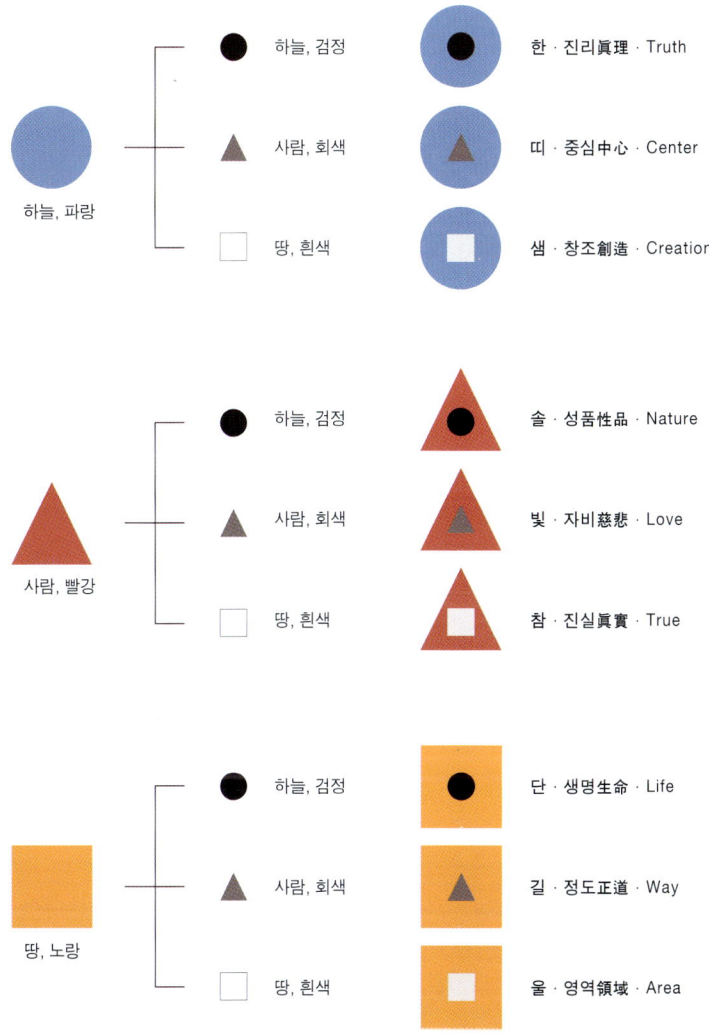

하나, 양의 원방각 대비 음의 원방각은 9:1이다.
둘, 원방각의 크기 비율은 ⌀를 따른다.
셋, 음의 원방각은 양의 원방각 중심축에 위치하고 180도 회전시켜 도상을 만들 수 있다.

아홉뿌리

1	●	한	하늘과 하늘이 만나니 경계가 없는 일체이다. 크게 형통하여 경계를 나누지 않으니 만물만상의 존재가 태어나 근본자리로 돌아간다.
2	▲	띠	하늘과 사람이 만나니 치우침 없는 중심이다. 중심을 견지하고 흐트러짐 없이 나아가라.
3	■	샘	하늘과 땅이 만나니 마르지 않는 샘이다. 끊임없는 창조의 미덕을 지녀야 한다. 마르지 않는 샘물처럼 진보하라.
4	●	솔	사람과 하늘이 만나니 변함없는 푸른 솔이다. 변함없이 꾸준한 성품이니 굽히지 않는 기상이 늘 푸르다.
5	▲	빛	사람과 사람이 만나니 서로 빛이 된다. 어둠을 물리치는 희망의 성품이니 고통을 딛고 일어서는 힘이다. 사물의 밝은 이치다.
6	■	참	사람과 땅이 만나니 거짓 없는 참이다. 옳은 것을 옳다 말하고 그른 것은 그르다 말하는 참 성품이니 그릇됨 없이 유순하다.
7	●	단	땅과 하늘이 만나니 생명이 들고 나는 단전이다. 생명은 한 호흡 사이에 있으니 한 호흡이 열리면 인생이 열리고 한 호흡이 닫히면 죽음에 이른다.
8	▲	길	땅과 사람이 만나니 끝없이 뻗어난 길이다. 머물지 않고 흐르고 흐르는 미덕이니 막히면 돌아가고 깊으면 기다려 넘치니 길은 끝없이 뻗어나 온 세상에 이른다.
9	■	울	땅과 땅이 만나니 너와 내가 다른 경계의 울타리다. 차별상 그대로가 평등이니 모두는 나름의 멋으로 더불어 살아간다.

4
네마당

마당은 너른 땅이다. 광장이고 일터다. 텃밭이고 놀이터다. 사람이 모이는 곳이고 모든 일이 진행되는 장소이다. 드넓은 축제가 마당에서 이뤄진다. 마당은 생명이 숨쉬는 터전이다. 마당은 곧 전우주다. 우주는 나눠보면 시간과 공간이다. 이 시간의 축과 공간의 축 안에 모든 존재는 좌표를 얻는다. 시공으로 만들어진 우주에 2개의 선을 그어 보자. 하나는 시간선이고 다른 하나는 공간선이다. 시간은 가로선이 되고 공간은 세로선이 된다. 가로선과 세로선이 서로 만나면 중심에서 축이 된다. 시간의 축을 x로 잡고 공간의 축을 y로 잡아 보자. 그러면 전우주에 존재하는 모든 생명은 x축과 y축의 어느 좌표에 서게 된다. 이 우주의 중심과 끝은 어디인가? 시공은 상대적이다. 시간은 모두에게 와서 똑같이 가는 것이 아니다. 모든 시간은 각자에게 다르게 주어진다. 공간은 인식하는 만큼 열린다. 내가 서있는 이 공간에서 아는 만큼 보이고 보이는 만큼 인식한다. 인식만큼의 공간이 각자에게 있다. 인식의 차이만큼 서로 다른 세상이 있다. 그래서 시공은 특수한 상대성이다. 인식의 주체마다 다른 시간 다른 공간이 존재한다 결국 인식의 주체가 그 시간과 그 장소의 중심이 된다. 바로 내가 우주의 중심이다.

양의 삼태극 음의 네마당

시간의 x축과 공간의 y축이 만드는 마당은 모두 4개가 된다. 각 마당에는 마당을 관장하는 주인이 있다. 1차원은 현무, 2차원은 주작, 3차원은 청룡, 4차원은 백호가 그 땅을 관장한다. 현무, 주작, 청룡, 백호 사신四神은 신령으로 일의 성패를 주제한다. 이는 춘하추동의 이법이 그 순서를 거스르지 않는 것처럼 각자의 영역에서 수행할 역할이 따로 배정되어 있음을 말한다. 삼태극이 남성이면 네마당은 여성이다. 삼태극이 마당 위에서 현묘함을 드러내면 마당은 신명으로 화답한다. 네마당은 지켜주고 품어 안는 것이며 삼태극은 변화하여 번성하고 발전하는 힘이다. 네마당은 움직이지 않는다. 삼태극은 머무르지 않는다. 삼태극이 원심력이면 네마당은 중력이다. 우주만물은 돌고돌아 네마당 속에서 변화하는 삼태극으로 만들어진다. 우주는 끝없는 시간의 축과 무한한 공간의 축으로 이루어진다. 시공간의 축은 4차원으로 분리되니 각 차원을 현무마당, 주작마당, 청룡마당, 백호마당이라 한다. 각 마당에서 현묘한 삼태극 하늘, 땅, 사람이 오고 가니 우주는 순환의 이법으로 본성을 회복한다. 이 세상 모든 생명은 순환의 법칙에 따라 그 생명력을 유지하니 봄, 여름, 가을, 겨울은 돌고 돈다. 순환이 멈출 때 생명도 멈춘다.

시공 속의 네마당

차원	마당	시간	공간	방향	계절
1차원	현무마당	미래시간(+)	미래공간(+)	미래의 일을 예언	봄
2차원	주작마당	과거시간(-)	미래공간(+)	일의 처음 연원을 설명	여름
3차원	청룡마당	미래시간(+)	과거공간(-)	일의 전개 방향을 제시	가을
4차원	백호마당	과거시간(-)	과거공간(-)	일의 최종 결과를 수렴	겨울

삼태극과 네마당

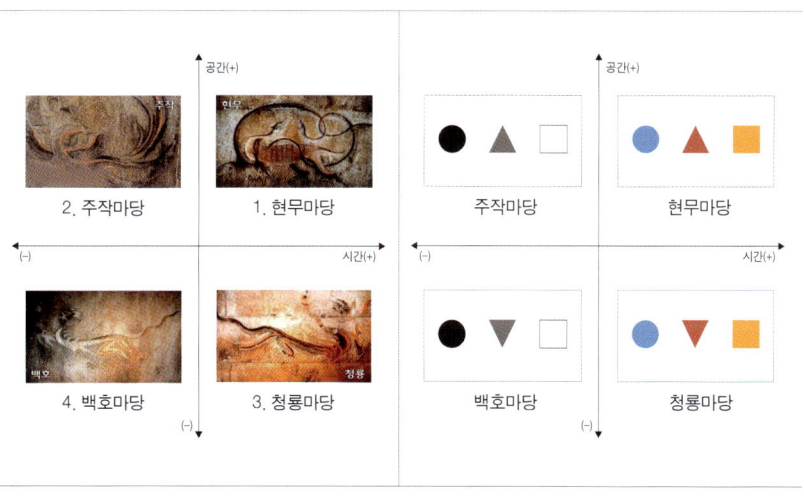

5
81도상

81도상은 삼태극, 여섯본새, 아홉뿌리, 네마당을 거쳐 탄생한다. 삼태극은 하늘, 땅, 사람을 뜻하며, 네마당은 현무, 주작, 청룡, 백호가 주재하는 시공간을 뜻하며, 여섯본새는 양의 삼태극과 음의 삼태극을 말한다. 그리고 아홉뿌리는 음의 삼태극과 양의 삼태극이 서로 만나 만들어낸 한-띠-샘-솔-빛-참-단-길-울을 뜻한다. 이 아홉뿌리가 윗마당과 아랫마당으로 나뉘어 서로 만나면 비로소 81도상이 만들어진다. 81도상이 하늘그림이다. 삼태극은 변화를 주인으로 삼고 네마당은 불변을 주인으로 삼는다. 우주의 이법은 변화와 불변, 있음과 없음, 블랙홀과 화이트홀이 서로 대립하며 운행된다. 하늘그림은 순환의 이치를 동그라미, 세모, 네모를 통해 설명한다. 수리적 측면에서 하늘그림은 삼진법이다. $3 \times 3 \times 3 \times 3 = 81$이다. 삼태극이 네마당에서 변화를 이루니 3의 4승 즉 81괘를 통해 하늘그림이 완성된다. 네 차원의 마당 위에 삼태극이 변화를 드러내면 각 마당마다 삼의 변수가 형통하니 모두 여든한 가지 근본 변화를 만들어 낸다. 81은 천지자연의 조화와 운영의 완성수이니 삼태극이 안과 밖으로 만나 아홉을 먼저 낳고 이 아홉이 다시 위 아래로 만나 81도상을 만들어 우주의 도리를 펼쳐 내는 것이다. 81괘는 근본 도리가 하나이므로 한데 모이면 81도상이 된다. 81개의 아이콘이 하나로 만나야 81도상이 되고 하늘그림이 된다.

네마당 삼태극 변화도

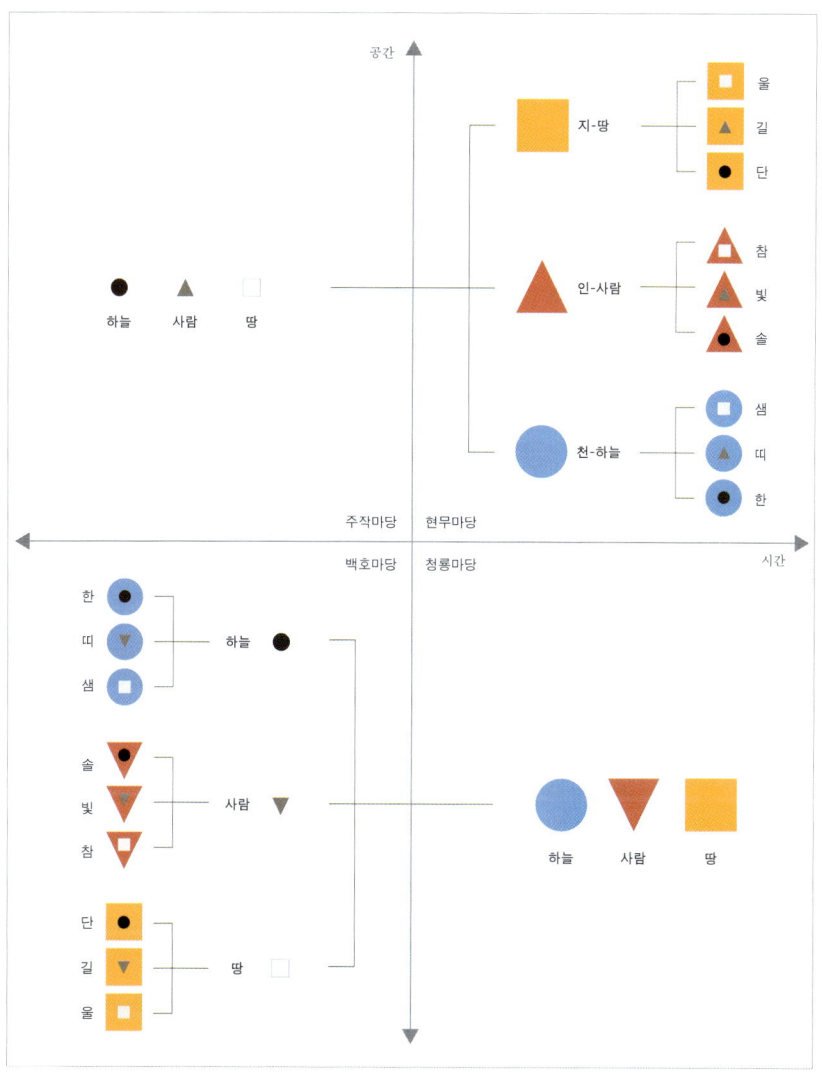

윗마당과 아랫마당

첫 번째 마당인 현무마당은 두 번째 마당인 주작마당과 짝을 이루어 윗마당이 되고 세 번째 마당인 청룡마당은 네 번째 마당인 백호마당과 짝을 이루어 아랫마당이 된다. 현무마당에는 양의 삼태극이 있고 주작마당에는 음의 삼태극이 있다. 청룡마당에는 양의 삼태극이 있고 백호마당에는 음의 삼태극이 있다. 각 마당의 삼태극이 만들어 낸 아홉 뿌리인 한-띠-샘-솔-빛-참-단-길-울은 서로 대칭하여 윗마당과 아랫마당에서 한번씩 돌아가며 만나니 모두 81괘가 만들어진다. 윗마당의 한은 아랫마당은 한-띠-샘-솔-빛-참-단-길-울과 만나 아홉의 괘상을 만드니 각 괘상은 뜻과 이름이 각각있다. 순서대로 윗마당의 띠가 다시 아랫마당의 한-띠-샘-솔-빛-참-단-길-울과 만나 다시 아홉개의 괘를 만든다. 9×9 그렇게 한 순이 돌 때 81괘가 완성되고 그 괘를 하나로 모아 그리면 81도상이 만들어지게 된다. 81도상이 하늘의 이법이요, 인류의 도덕이며, 생명창조의 신비다.

81도상

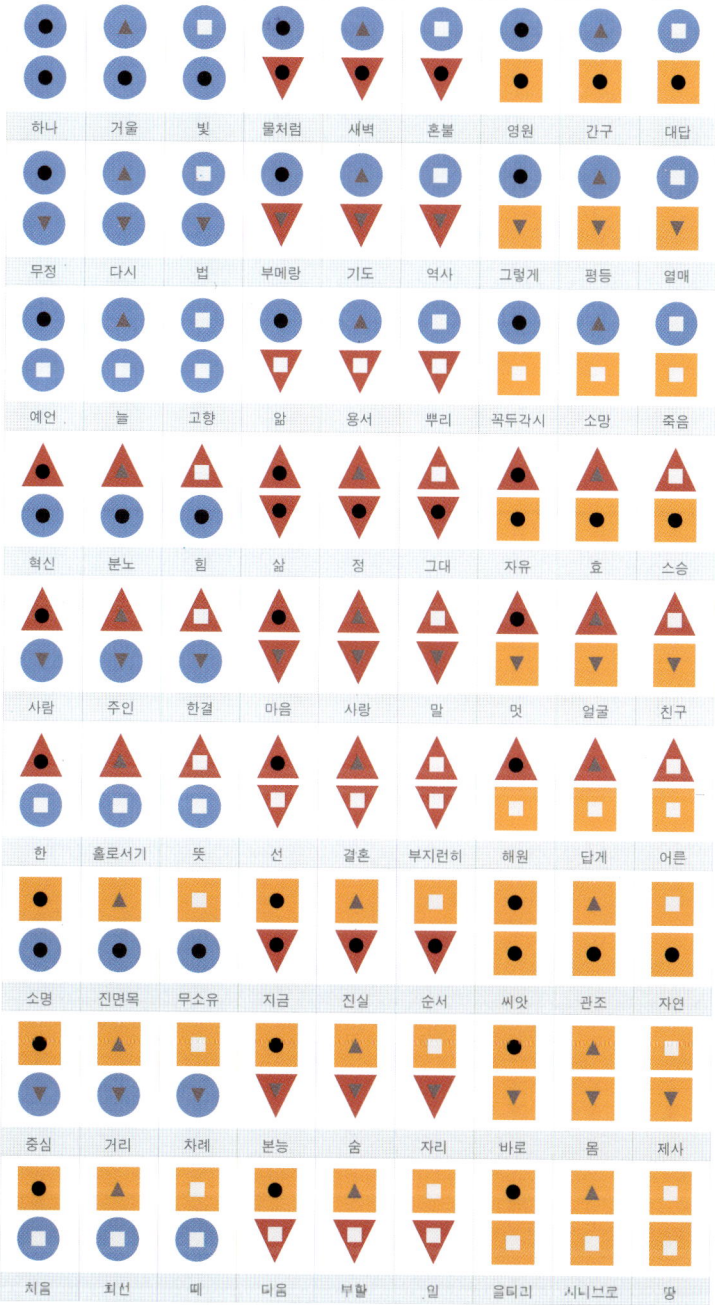

비교

제3장

1
천부인과 하늘그림

인류의 모든 신화는 메타포를 전하고 있다. 존재의 시작과 끝을 담고 있으며 인간의 역사와 인간의 본성을 전달한다. 한민족의 단군신화는 하늘, 땅, 사람이라는 3분법적 세계관으로 만들어져 있다. 한국의 철학자들은 그 3분법적 세계관을 발전시켜 한글을 만들고 삼태극, 삼재, 삼원, 삼성등으로 사상적 맥락을 체계화한다. 우선 천부인天符印라는 말이 처음 나오는 것은 단군신화다. 한민족의 건국신화는 하늘과 땅 그리고 사람의 만남으로 이루어진다. 하느님께서 아들 환웅에게 인간세상을 다스리라는 뜻에서 천부인 3개를 준다. 환웅은 풍백, 우사, 운사를 거느리고 인간의 360가지 일들을 주관하며 세상을 다스리게 된다. 아직까지 신의 영역과 인간의 영역이 분리되어 있다. 환웅은 하늘의 아들이다. 그래서 곰이 등장한다. 곰은 상징이다. 문명이 열리지 않은 순수한 자연을 뜻한다. 대지와 땅을 상징한다. 땅의 여자 웅녀와 하늘의 피를 가진 남자 환웅이 단군을 낳게 되고 단군은 비로소 해 뜨는 나라, 조선을 건국한다. 단군은 하늘의 사람도 아니며 땅의 사람도 아니다. 하늘과 땅이 만나 탄생된 사람의 사람이다. 홍익인간의 사상적 모태가 여기에 있다. 신과 자연을 분리하지 않고 형이상학과 형이하학이 만나는 곳에 인간을 둔 것이다. 한민족의 신화는 신을 중심에 두지 않는다. 그렇다고 정제되지 않은 자연의 토템을 그대로 곰으로 놔두지 않았다. 신과 자연을 합일시키는 지점에서 인간을 둔 것이다. 위대한 신성을 가진 그리고 자연의 생명을 잉태한 반신반수의 첫 인간이 바로 단군이다. 그래서 오직 인간이 인간다운 세상을 만들고자 한다는 홍익인간弘益人間의 사상적 모태가 단군신화를 통해 완성된다. 그래서 정말 사람이 사람다운 세상, 사람이 중심인 세상 바로 해가 뜨는 땅, 조선이 역사의 문을 열었다. 조선 건국의 비밀은 하늘과 땅 그리고 사람에 있다. 천부인의 비밀을 여는 첫 열쇠는 바로 하늘, 땅, 사람이다.

> 고기에 의하면, 한인의 서자 환웅이 인간 세상을 구하고자 할 때, 환인이 그 뜻을 알고 삼위 태백을 보아 홍익인간弘益人間할 만하다 생각하여 그들에게 천부인天府印 3개를 주어 다스리게 하였다. 환웅은 3천 명의 무리를 거느리고 태백산 마루 신단수 아래에 신시를 열고 여러 신들과 세상을 다스렸다. 이때 곰과 호랑이가 사람이 되고자 하여 환웅은 쑥과 마늘만으로 100일간 햇빛을 보지 않으면 사람이 될 수 있다고 하였다. 참을성 많은 곰만이 100일을 견뎌내 사람이 되었고, 환웅과 결혼하여 아들을 낳으니 그가 곧 단군이다. 단군이 평양에 도읍하여 국호를 조선朝鮮이라 하였고, 뒤에 아사달에 천도하여 1,500년 간 나라를 다스렸다고 한다.
> 『삼국유사 고조선조』

천부인과 거울, 칼, 방울

하늘은 한민족에게 천부인 3개를 주었다. 하늘의 권위를 담은 3개의 성물이니 이것을 통해 세상을 통치하고 사람을 이롭게 하라했다. 일단 천부인은 하나가 아니라 3개라는 것이다. 천부인의 뜻을 그대로 풀이해 본다면 하늘 천天, 부호 부符, 인장 인印이다. '하늘의 기호로 법령을 정하다'는 뜻이다. 우선 인장 인자는 도장을 찍어 인정한다, 공표한다는 뜻이다. 나라가 법을 정하면 국새를 찍어 그 권위를 공표하게 된다. 곧 국새가 찍힌 문서는 법이 된다. 즉 하늘이 내린 3가지 성물로 법령을 세웠다는 이야기다. 그 3가지를 각기 분류하여 이름하면 천인天印, 지인地印, 인인人印이 된다. 우리는 그 삼인三印의 형상물을 거울, 칼, 방울로 알고 있다. 거울, 칼, 방울은 메타포다. 전달하고자 하는 말을 상징적으로 표현한 것이다. 거울, 칼, 방울은 하늘그림의 동그라미, 세모, 네모로 바꿔 볼 수 있다. 천부인과 하늘그림은 삼태극에서 서로 만난다.

	천인	하늘	거울	동그라미
천부인	인인	사람	방울	세모
	지인	땅	칼	네모

○ 거울 - 동그라미

거울은 만물을 비춘다. 형상을 가지고 있으나 어떤 규정된 형상도 없다. 바람이 불면 바람을 비추고 밤이 내리면 별을 비춘다. 진리의 본질이 그와 같다. 모든 것을 투명하게 꿰뚫지만 스스로 어떤 규정된 형상도 갖지 않는다. 세상에 변히지 않는 진리의 원칙을 거울로 상징한 것이다. 무변한 하늘의 그 공평무사함을 거울로 상징화한 것이다. 세상을 바로 세우는 그 공평무사한 원칙을 거울로 받고 형상으로는 동그라미를 사용했다. 동그라미는 같은 거리에 위치한 점들의 집합이다. 그래서 평등하다.

△ 방울 - 세모

방울은 만물을 소통시킨다. 모든 만물은 서로 연결되어 있다. 독립된 행성이나 태양의 인력은 태양계를 하나로 묶는다. 섬은 나뉘어져 있으나 그 바다 밑은 땅으로 이어져 있다. 생명은 모두 서로가 서로에게 인력과 파장을 주고받으며 존재한다. 그 파장이 방울소리다. 방울소리는 시공을 넘나들고 영육을 넘나들며 소통과 교류를 만들어 낸다. 즉 요령을 흔들면 만사가 형통한다. 때와 장소에 맞는 요령이 있어야 일이 맞아 들어간다. 그래서 방울은 세모로 받는다. 삼각의 구도에서 나오는 묘한 사랑의 이법이 있기 때문이다.

□ 칼 - 네모

칼은 만물을 나눈다. 칼의 용도는 나누는 것이다. 하나로 된 원칙을 둘로 나누는 것이며 통합된 하나를 갈래와 분류로 찢는 것이다. 모든 생명이 그 시원은 하나였으나 영역을 나누고 소유를 정하며 하나는 둘이 되었다. 변증법적 발전에 있어 정이 거울이면 반은 칼이다. 칼은 반대의 의견이며 상충이며 대립이다. 이 대립이 없으면 세상은 균형을 잃게 된다. 그래서 칼은 네모로 받는다. 네모는 각이며 상충이다. 너는 너고 나는 나다. 선후가 분명하고 경계가 명확하다. 세상의 이법이 경계가 없으면 그 땅은 생명력을 잃게 된다. 땅은 경계가 있고 그 구분과 경계로 생명을 유지한다. 구분과 구별은 인식의 첫 단추며 땅의 성품이다. 신화는 상징적 체계로 그 의미를 전달한다. 거울, 칼, 방울은 각기 한민족이 추구하는 가치가 담겨져 있다. 그것을 형상화 한다면 동그라미, 세모, 네모로 연관해 볼 수 있다.

천부인의 보편성, 단순성, 확장성

하느님께서 주신 3개의 신물은 기호다. 동그라미, 세모, 네모의 기호를 환웅에게 전하여 세상을 다스리게 했다. 계명도 아니고, 권위를 상징하는 물건도 아니고, 예언도 아니다. 세상에 가장 기본적인 도형 3개를 주셨다. 3개의 기본적인 도형이 천부인과 하늘그림이 만나는 접점이다. 천부인과 하늘그림 모두 3을 기본철학으로 한다. 동그라미, 세모, 네모 이 3가지 기호로 신의 뜻을 전달한 이유는 그 보편성에 있다. 그 단순성에 있다. 그 확장성에 있다. 이 세상의 모든 형태는 결국 동그라미, 세모, 네모다. 모든 형상에 신의 섭리가 담겨 있다면 그 형상은 이미 신의 말씀이다. 있는 그대로가 진리다. 있는 그대로가 신성이다. 사랑하는 사람의 눈동자에도 신의 섭리가 있으며, 밥을 먹는 밥상 위에도 신의 섭리가 있으며, 멀리 보이는 산 구릉에도 신의 모습은 온전히 살아 있다. 신은 눈 앞에 있다. 누구나 쉽게 알 수 있는 그 보편적인 일상이 신의 모습이다. 천부인은 어디에서나 볼 수 있는 보편성이 있다. 다음 단순한 것은 진리에 가깝다. 단순한 것이 본질에 가깝다. 그래서 모든 진리는 단순하다. 단순해야 모든 사람이 쓰기에 편하다. 기호는 문자가 아니다. 문자는 문자에 가로 막힌다. 기호는 직감적으로 인식한다. 그래서 단순하고 그래서 강력하다. 단순한 것은 세상 모든 사람이 따르기 쉽다. 배우기 쉽고 가르치기 편하다. 단순한 것만이 오랜 역사를 지닌다. 간단한 도형 3개로 하늘의 뜻을 전달한 이유는 그 단순성에 있다. 다음은 확장성이다. 만물은 무궁하게 변화하고 더 낳은 곳으로 발전한다. 그 변화와 발전의 추구는 번성과 풍요를 찾는 생명의 본성이다. 우주는 그래서 풍요롭다. 풍요로움이, 다양함이, 서로 다름이 곧 하늘의 본성이다. 그 본성의 발현은 오직 확장성에서 온다. 그래서 가장 기본적인 기호를 사용한 것이다. 가장 기본적인 기호이지만 철학이 되고, 종교가 되고, 문화로 뻗어 갈 수 있는 확장성이 내재되어 있다. 그래서 그 이름을 천부인이라 했다. 하늘이 준 기호로 법령을 삼은 이유는 그 보편성, 단순성, 확장성에 있다. 하늘기호가 하늘그림이다. 동그라미, 세모, 네모를 통해 그림을 만들면 그 그림은 하늘그림이 되고, 철학을 만들면 그 철학은 하느님 말씀이 되며, 글자를 만들면 한글이 된다. 동그라미, 세모, 네모로 세상 모든 것을 만들 수 있다. 그래서 우리나라의 역사는 천부인으로 그 첫 빗장을 연다. 간단하지만 창조주의 모든 신비가 그 안에 있다. 역사상 다음 천부인의 봉인을 푼 사람은 세종이다. 세종은 동그라미, 세모, 네모로 인류역사상 가장 과학적인 문자, 한글을 만든다.

2
한글과 하늘그림

영국의 역사학자 겸 다큐멘터리 진행자인 존 맨John Man은 알파벳의 기원을 추적한 『Alpha Beta』에서 "한글은 모든 언어가 꿈꾸는 최고의 알파벳이다. 세종의 알파벳은 고도로 세련된 사회의 뛰어난 산물이었다. 그러나 알파벳이 성공하려면 정반대의 사회가 필요했다. 즉 거부할 만한 인습이 없는 문명이 더 좋은 토양이다."라고 말했다. 『대지』의 작가 펄벅Pearl S. Buck 또한 "세계에서 가장 단순한 문자체계지만 자모음을 조합하여 어떤 음성이라도 표현할 수 있는 놀라운 언어다."라고 한글을 극찬했고, 언어학에 있어 세계적 권위를 가진 개리 레디어드Gari Ledyard 교수는 "오래고 다양한 문자의 역사를 통틀어 한글과 같은 것은 없다. 한글은 세계문자사에 있어 가장 진보된 문자다."라고 말했다. 타이핑에 있어 한글은 중국어나 일본어에 비해 7배나 빠르고 받아 적을 수 있는 소리의 수가 한글은 1만여 개에 다다르나 중국어는 400개, 일본어는 300개에 불과하다. 무려 20배가 많은 숫자다. 세계의 모든 언어학자들은 인류가 만든 가장 완벽한 문자를 한글이라 말한다.

천지자연의 소리가 있으면 반드시 천지자연의 글자가 있는 법이니, 그러므로 옛사람이 소리를 따라 글자를 만들어서 그것으로 만물의 뜻을 통하고, 그리하여 삼재三才의 이치를 실어서 후세 사람이 능히 바꾸지 못하는 까닭이 여기에 있다. …… 계해년 겨울에 우리 전하께서 정음 스물여덟 글자를 창제하시고, 간략하게 보기와 뜻을 들어 보이시고, 이름을 '훈민정음'이라 하시니, 모양을 본떴으되 글자는 옛 전자를 닮았고, 소리를 따랐으되 음은 일곱가락에 들어 맞고, 삼극三極의 뜻과 이기二氣의 묘가 다 포함되지 않은 것이 없다. 스물여덟자로써 바꿈이 무궁하고, 간단하고도 요령이 있으며, 정밀하고 잘 통한다. 그러므로 슬기로운 이는 하루 아침을 마치기 전에 깨칠 것이요, 어리석은 이라도 열흘이면 배울 수 있을 것이다.

[훈민정음 해례본 서문]

정인지는 훈민정음 해례본 서문에서 한글은 하늘, 땅, 사람, 삼재의 이치를 바탕으로 만들어졌기 때문에 후세 사람이 임의대로 바꿀 수 없다고 했다. 인간이 사고를 통해 창조한 것이 아니라 이 자연만물이 존재하는 순리이자 이법이란 뜻이다. 한글은 자연의 이법이기 때문에 시간과 공간을 초월하여 세상 어디에서도 그 진리가 상통한다. 한글창제의 철학적 근간은 삼태극이다. 삼태극과 음양의 2기를 바탕으로 여섯본새를 만들고 그것을 확장시켜 모두 28자 한글을 완성한다. 하늘그림에서 양의 삼태극과 음의 삼태극이 여섯본새를 만들 듯 한글은 양의 천지인과 음의 천지인을 여섯본새로하여 전체 문자를 완성한다. 그래서 정인지는 삼극의 뜻과 이기의 묘가 다 포함되지 않음이 없다 했다. 한글의 과학성은 삼태극에서 시작하고, 한글의 전개는 음양의 변화에서 이뤄지며, 한글의 완성은 5행으로 이뤄진다. 3재의 이법, 2기의 묘, 5행의 순리가 한글창제의 철학적 원리다.

한글창제 원리

한글은 철학문자다. 오직 철학적 개념을 가지고 문자를 만든다. 삼태극의 이법을 기준으로 자음과 모음을 만들고 오행에 배치에 전체 28자를 만든다. 한글은 자음과 모음의 기본자를 각각 3개씩 만들고 그 기본자를 변용하여 글자를 넓혀 나갔다. 자음의 기본자는 동그라미, 네모, 세모(ㅇ, ㅁ, △)가 삼재고 모음의 기본자는 점, 가로선, 세로획(•, ㅡ, ㅣ)이 삼재다. 자음의 삼재가 일기—氣며 모음의 삼재가 다시 일기—氣가 되어 서로 마주해 글자를 만든다. 자음과 모음이 대립하여 만물을 표현하니 음양의 이기二氣가 있어야 비로소 완성을 이룬다. 모음은 하늘, 땅, 사람을 점과 선과 획으로 표현했다. 그리고 자음은 하늘, 땅, 사람을 동그라미, 네모, 세모에서 찾았다. 이렇게 자음의 하늘, 땅, 사람의 삼재와 모음의 하늘, 땅, 사람의 삼재를 통해 모든 사물을 표현하니 대저 하늘 아래 표현하지 못하는 말과 뜻이 없게 된 것이다. 자음의 근본 형상인 동그라미로는 ㅇ ㅎ과 같은 자음을 만들고, 네모는 ㅁ ㅂ ㅍ ㄱ ㄴ ㄷ을 만들고 다시 네모를 한 번 더 겹치면 ㄹ ㅌ ㅋ 등의 글자를 만들 수 있다. 이와 같이 세모는 ㅅ ㅊ ㅈ △의 근본 상형이 되는 것이다. 이것을 각각 오행에 배치해 그 소리를 확장하고 만물의 성질을 더욱 정밀하게 하였다. 자음 17자 중 어느 한자도 동그라미, 세모, 네모에서 벗어나지 않는다. 다만 훈민정음에는 삼재와 오행에 있어 옛이응 ㆁ자 만이 목구멍소리 수水에 배치하지 않고 잇소리 목木에 배치된다. 동그라미에서 나왔으나 발음이 수와 목 사이에 이루어짐으로 잇소리 목에 배치하게 되는데 이는 나중에 글자가 없어지는 이유가 되지 않았나 싶다. 옛이응 ㆁ자를 제외하고는 자음 17자 모두는 5행에 배치됨에도 한치의 어긋남도 없다. 모음 또한 천지인을 기본자로 만들고 그것에 하늘, 땅, 사람을 부여한다. 모음의 확장도 5행을 기준으로 삼으니 사람에 점을 찍으면

ㅏ ㅓ가 만들어지고, 땅에 점을 찍으면 ㅗ ㅜ가 만들어져 초자가 만들어지고 다음 사람에 해와 달을 점으로 찍어보면 ㅑ ㅕ가 만들어지고 땅에 해와 달이 뜨면 ㅛ ㅠ가 만들어진다. 이것을 오행에 재차 배치하여 전체 모음 11자를 만든다. 자음과 모음 모두 그 상형을 하늘, 땅, 사람 즉 동그라미, 세모, 네모에서 가져 온 것이다. 하늘과 땅과 사람을 형상으로 확장하면 동그라미, 세모, 네모가 되고 동그라미, 세모, 네모를 수축하여 단순화하면 점, 선, 획이 된다. 점은 하늘, 선은 땅, 획은 사람이 된다. 천지인을 확장하여 자음을 만들고 수축하여 모음을 만든 것이다. 음과 양의 성향을 따른 것이다. 그래서 한글은 음과 양의 형상을 서로 분리해 여섯본새를 서로 다르게 만든다. 한글의 신비는 여기에 그 뿌리가 있다.

한글의 자모음 여섯본새

자모음 삼재	하늘 天	땅 地	사람 人
자음 陽	○	□	△
모음 陰	·	─	│

하늘그림의 여섯본새

자모음 삼재	하늘 天	땅 地	사람 人
양의 삼태극	🔵	🟧	🔺
음의 삼태극	●	□	▲

한글의 자모음 여섯본새는 하늘그림의 여섯본새와 만난다. 서로 그 삼태극의 본질은 같으나 한글과 하늘그림이 다른 것은 색깔과 형태다. 한글에는 색이 없다. 그러나 하늘그림은 색이 있다. 하늘그림은 하늘, 땅, 사람을 색깔로 구분하여 천지인의 성질을 더욱 명확하게 했다. 다음 하늘그림은 음의 삼태극에서 형태를 변형하지 않고 그대로 동그라미, 세모, 네모를 유지했다. 다만 그 색을 검은색, 흰색, 회색으로 구분하고 양의 삼태극보다 작게 하여 하나의 괘로 만났을 때 양의 삼택극 안에 음의 삼태극이 포함될 수 있도록 했다. 입체적으로 괘를 표현했다. 그래서 한글은 평면적 인식이지만 하늘그림은 입체적 인식이 가능하다. 글은 지면에 쓰므로 평면적 인식이 중요하게 되고 철학은 존재의 본질과 실재를 해석함으로 입체적인 인식이 더 현실감 있다. 한글은 이와 같이 음양의 이법을 자음과 모음으로 받고 각각의 삼태극을 그 근본으로 했으니, 천지말물과 소통하고 천지의 뜻과 소리를 빠짐없이 표현해 낸다. 한글이 인류가 꿈꾸는 최고의 문자라면 그 문자를 만든 삼태극의 철학 또한 최고의 철학적 체계라는 뜻이다.

삼재의 형상으로 본 자음 17자

삼재	도형	자음	소리	오행
하늘 天	○	ㅇ ㆆ ㅎ	후음, 목구멍소리	water 水
땅 地	□	ㄱ ㅋ ㆁ	아음, 어금닛소리	Wood 木
		ㄴ ㄷ ㅌ ㄹ	설음, 혓소리	Fire 火
		ㅁ ㅂ ㅍ	순음, 입술소리	Earth 土
사람 人	△	ㅅ ㅈ ㅊ ㅿ	치음, 잇소리	Metal 金

자모음 28자 도상체계

자음 17자 도상체계

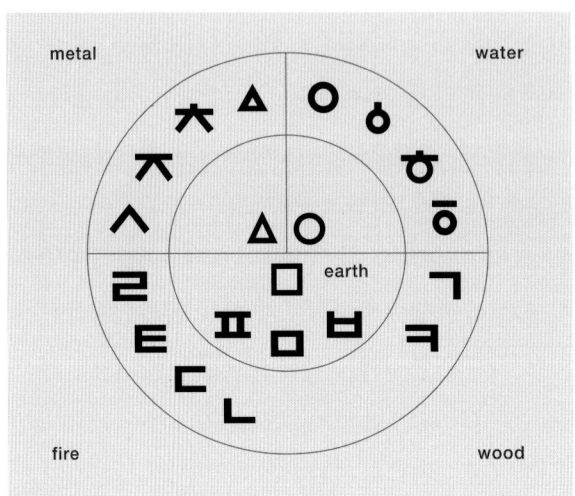

모음 11자 도상체계

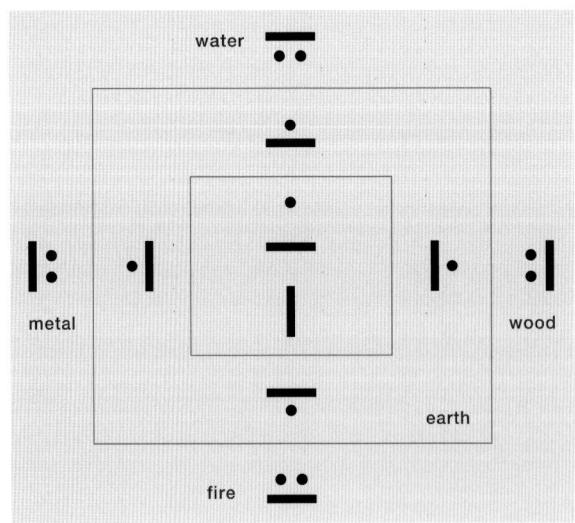

삼태극과 한글

세종이 한글을 만든 뜻은 이 나라에 문자가 없어 서로 마음과 뜻을 소통할 수 없었기 때문이었다. 이에 세종은 문자를 창제하기에 앞서 문자의 기능을 세 가지로 정리했다. 문자의 기능은 형태, 생각, 소리로 구분해 볼 수 있다. 문자의 기능을 실현하기 위해 문자의 형태는 삼재의 철학을 적용하고, 생각은 이기를 바탕으로 했으며, 소리는 오행으로 그 문자의 기능에 맞는 창제의 원리를 사용했다. 시대의 산물은 시대정신의 결과다. 그래서 15세기 한글을 만든 철학적 개념들의 시원들을 짚어보면 한글을 창제한 한국인의 독특한 사유구조도 알 수 있다. 한글이 세계가 인정하는 우수한 문자라면, 이는 거꾸로 우리의 사유체계가 가장 본질적이고 과학적이라는 뜻이기도 하다. 문자사에 있어 한글의 독창적 과학성은 바로 삼태극에 기인한다. 양의 삼태극으로 자음을 만들고, 음의 삼태극으로 모음을 만들었다. 이를 다시 초성, 중성, 종성으로 하나의 글자를 만들게 했다. 한글이 아주 폭넓은 소리의 세계를 구현하는 문자가 될 수 있었던 건 말소리를 표현하는 방법 자체가 3분법적 세계관으로 만들어졌기 때문이다. 이 3분법은 영어와 같은 보편적인 자음, 모음의 2분법과는 확연히 다른 오직 한글이 가진 독창성이다.

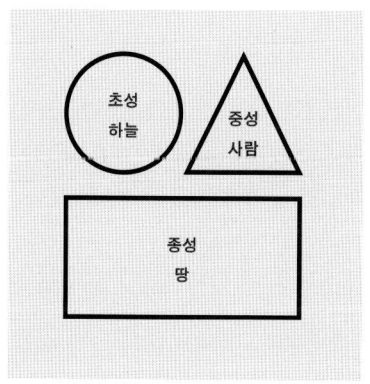

한글은 천지인의 삼재사상을 그대로 문자에 적용한 사례라 보면 된다. 그 형태를 보면 하늘은 동그라미로, 땅은 네모로, 사람은 세모로 그 위치와 방향을 글자창제에 그대로 적용하고 있다. 자음과 모음도 천지인을 따랐으나 각각의 글자 안에도 천지인을 담아 초성, 중성, 종성이 만나 글자 하나를 만들게 했다. 삼태극의 조화를 글자마다에 담은 것이다. 초성은 자음으로 음의 형태와 방향을 이끄는 머리가 되고 중성은 모음으로 변화의 중심에 선 몸통이 된다. 다음 종성은 마무리가 되고 다음 글의 견인차가 된다. 한글은 삼태극의 공간적인 인식을 통해 음운체계로 만들었음으로 글자를 보고 인식할 때 더 넓은 뇌의 공간적 인식이 필요하게 된다. 글이란 인식의 측면에서는 뇌와 연결돼 있고 마음을 표현하는 측면에서는 심장과 연결돼 있다. 그래서 글이 과학적이면 사고도 과학적이고 글이 풍부하면 감수성도 풍부해진다. 한글은 이런 면에서 세계 어떤 문자보도 과학적인 인식을 갖게 만들어주고 풍부한 감정을 만들어준다. 한글은 많이 읽을수록 사람이 더 총명해진다. 더불어 단지 한글을 보고 읽는 것만으로도 사람은 자연의 이치를 자연스럽게 깨닫는다. 한류가 세계를 휩쓸고 있는 것은 이런 한글을 바탕으로 한국인의 정서와 사고가 만들어졌기 때문이다. 이러한 과학적 인식과 풍부한 감성이 국경과 인종을 넘어 공감을 이끌어 내고 있는 것이다. 자연만물에 존재하는 삼태극의 이치와 천부인의 신비가 한글에는 온전히 담겨져 있다. 이렇게 삼태극의 비밀은 세종에게 와 문자로 탄생했다.

3
주역과 하늘그림

주역은 동아시아 사유체계의 뿌리다. 주역의 패러다임을 넘어서야 수천 년 이어져 온 동아시아 철학의 역사를 새롭게 바꿀 수 있다. 인류역사상 기호로 만들어진 철학체계는 주역이 유일하다. 주역은 간단한 기호로 이뤄진다. 음양이라는 2개의 텍스트로 전 우주를 설명한다. 세상을 0과 1로 인식하므로 간단명료하고 변화가 무궁하다. 주역에서 태극은 음양태극이다. 그래서 태극기는 큰 원을 중심으로 그 원 안에 파란색의 음과 빨간색의 양이 분리되기 전의 혼연한 모습으로 그려져 있다. 그러니 2가 태극이라는 말이다. 마치 모태 안에 잉태된 생명처럼 남녀가 구분되기 전에 생명이 처음 생겨난 그 모습과 같다. 그 하나의 생명이 태어나 남녀가 되는 것처럼 음양이 탄생되기 전 음양이 함께 있는 모습이 태극이다. 음양사상은 주역을 통해 온전한 사유체계로 진화를 이룬다. 주역은 그 과정을 2진법의 연산식으로 표현한다. 태극-음양-사상-팔괘-64괘, 즉 1-2-4-8-64의 변수 과정으로 주역은 우주를 통찰한다. 반면 하늘그림은 1-3-9-81의 사유를 전개한다. 기본적으로 태극을 3으로 본다. 중국은 음양의 대극이고 한국은 3태극이다. 주역은 2진법이고 하늘그림은 3진법이다. 철학에 있어 2진법의 시대는 과거 문명이 널리 퍼져나가고 발전하기에는 합당한 철학이었다. 간단하고 명확하고 전달이 쉽기 때문이다. 2진법의 철학으로 역사는 많은 것을 이루었고 많은 경험을 축적했다. 그러면 다음 시대의 패러다임은 무엇일까? 2진법의 시대는 가고 3진법의 시대가 열릴 때가 왔다고 생각한다. 주역은 음0과 양1이라는 2진법의 무한한 나열과 반복을 통해 세상을 인식한다. 반면 하늘그림은 양1과 음0 그리고 소통과 공간 ⏀이라는 제3의 변수를 하나 추가 한다. 주역이 2차원의 세계라면 하늘그림은 3차원의 세계로 들어가는 통로다. 음도 아니고 양도 아닌 ⏀, 제3의 변수는 음양을 오가며 소통의 문화를 창조할 중요한 패러다임이다. 무조건 옳은 것도 아닌 무조건 틀린 것도 아닌, 너도 옳고 나도 옳고, 너도 틀릴 수 있고 나도 틀릴 수 있다는 소통의 공간을 만들어 낼 것이다. 삼태극의 철학은 변증법적 음양대립의 세계를 이해와 소통 그리고 공존의 세상으로 바꿀 것이다. 이제 시대는 3의 변수를 통해 세상을 인식한다. 아날로그 시대에서 3D 디지털 시대로 변했다. 대립을 통한 진보, 발전의 시대에서 소통을 통한 관계의 시대로 이제 시대가 변했다. 하늘그림은 3분법적 세계관의 창이 될 것이다. 우리 삶을 더욱 생생하게 만들어줄 살아 있는 철학이 하늘그림이다.

주역과 하늘그림 비교표

주역	하늘그림
음양	하늘 땅 사람
2진법 (1 – 2 – 4 – 8 – 64)	3진법 (1 – 3 – 9 – 81)
팔괘 (건 – 곤 – 감 – 리 – 진 – 태 – 간 – 손)	아홉뿌리 (한 – 띠 – 샘 – 솔 – 빛 – 참 – 단 – 길 – 울)
아날로그 2차원	디지털 3차원
컴퓨터	한글
대립을 통한 변증법적 발전	소통을 통한 합일
주역 64괘	하늘그림 81도상

주역과 하늘그림의 차이점 3

주역과 하늘그림은 3가지 큰 차이점이 있다. 첫 번째로 하늘그림은 사람의 텍스트가 처음부터 기본적인 텍스트로 있으나 주역에는 없다. 하늘그림이 소통과 인간존엄에 더욱 섬세한 철학이 될 수 있는 첫 번째 이유다. 하늘그림은 인본주의 철학이다. 두 번째 차이는 하늘그림의 도상성이다. 하늘그림은 81괘가 하나의 그림으로 완성된다. 81도상이 만들어져야 전체 철학이 완성된다. 그러나 주역은 64괘를 하나의 도상으로 완성하지 않는다. 괘마다의 함축적 의미는 깊고 심오하나 결집된 힘은 본래 없다. 함께 모여 하나의 강력한 메시지를 전달할 수 있는 사유가 하늘그림이다. 세 번째 인식에 있어 하늘그림은 주역보다 쉽고 대중적이다. 하늘그림은 세상 어디에도 있는 자연의 보편적인 모습을 그 기본도형으로 삼았다. 동그라미, 세모, 네모라는 형상을 자연물의 모습에서 가져왔기에 인식이 쉽다. 그러나 주역은 개념을 기호로 표현했을 뿐 자연의 형상과는 거리가 있다. 하늘그림은 주역보다 쉽지만 더 섬세하게 세상의 이법을 들여다보고 있다. 하늘그림이 앞으로 우리가 가슴에 안고 살아갈 하늘의 진리가 되는 이유는 인간존엄의 가치가 하늘그림에 있기때문이다.

하나, 하늘그림의 인본주의

태극	하늘 天	사람 人	땅 地
하늘그림	●	▲	■
주역	▬	?	▬ ▬

주역과 하늘그림의 가장 큰 첫 번째 차이점은 사람에 있다. 하늘그림에서 하늘은 동그라미로 표현되고 주역에서는 일직선으로 표현된다. 그리고 땅은 하늘그림에서 네모로 표현되고 주역에서는 2개의 선으로 표시된다. 하늘그림에서 마지막 패러다임은 사람에 대한 패러다임 즉 세모다. 그러나 주역은 세모를 대치할 수 있는 텍스트가 없다. 2분법이 3분법을 넘어설 수 없는 한계가 여기에 있다. 그래서 하늘그림은 소통의 철학이다. 사람의 철학이고, 관계의 철학이다. 주역에는 없는 사람의 소통이 하늘그림에는 있다. 앞으로의 시대는 인간이 중심에 서야 한다. 그러기 위해서는 인간의 텍스트가 명확하게 철학에 자리하고 있어야 한다. 하늘그림은 그 인본주의 철학을 그 중심에 두고 있다. 홍익인간이다.

둘, 하늘그림의 도상성

주역과 하늘그림의 두 번째 차이점은 도상성이다. 주역은 64괘를 하나의 도상으로 함께 볼 수 없다. 하나의 도상으로 같이 볼 수 있는 전체성이 없다. 그래서 주역은 각각의 괘로 나눠볼 뿐 전체 도상을 함께 이해하지 않는다. 처음부터 그렇게 만들어지지 않았다. 그러나 하늘그림은 81괘를 하나로 모아 81도상을 만들어 낸다. 전체적으로 하나의 그림으로 들여다 볼 수 있다는 뜻이다. 모아진 하나는 각각보다 크고 강하다. 64괘는 모아서 힘을 발휘하지 못하지만 하늘그림은 81괘가 모여 새로운 힘을 만든다. 하늘그림은 왼쪽에서 오른쪽으로 위에서 아래로 진행된다. 한글은 쓰는 방법과 같다. 전체 81도상은 그 의미에 있어 1장부터 27장까지 3줄은 한-띠-샘으로 하늘의 성품을 담았고 28장부터 54장까지는 중간 3줄이 놓이게 되는데 솔-빛-참으로 사람의 성품이다. 마지막 맨 밑에 세줄은 55장부터 81

장까지 단-길-울로 땅의 성품이 담겨져 있다. 천지인을 가로로, 세로로 나누어 대대할 수 있도록했다. 대대의 형상이니 하늘과 땅이 서로 반대에 있고 중간에 사람을 놓았다. 그래서 하늘그림은 하늘-하늘-하늘-하늘로 그 첫 괘를 시작하고 도상의 정가운데 사람-사람-사람-사람을 두었으며, 땅-땅-땅-땅으로 81괘 마지막에 배치했다. 공간적 인식과 색깔을 서로 엇갈려 배치한 것이다. 하늘그림에서 빨간색 도상만 떼어 놓고 보면 십자가 모양이 된다. 예수 그리스도의 사랑이 십자가로 상징되는 것은 하늘그림에서도 같다. 중앙에 사람이 배치되고 빛이 사방으로 뻗어가는 형상을 도상 내에서 형상화 한 것이다.

한	띠	샘
솔	빛	참
단	길	울

방진으로 본 하늘그림

하늘그림은 방진으로 이뤄져 있다. 하늘을 1로 놓고 땅을 2 그리고 사람을 3으로 보면 123방진표를 만들 수 있다. 윗마당 첫 번째 숫자가 현무마당을 상징하고 두 번째 숫자가 주작을 상징해 2자리 숫자로 이뤄지고 아랫마당의 첫 번째 숫자는 청룡이고 두 번째 숫자는 백호가 된다. 그래서 위에 2자리 숫자 아래 2자리 숫자를 배치하면 방진표 만들 수 있다. 마찬가지로 한-1, 띠-2, 샘-3, 솔-4, 빛-5, 참-6, 단-7, 길-8, 울-9을 숫자로 변화하면 99방진표를 만들 수 있다. 펼쳐 놓으면 123방진표가 되고 모으면 99방진표가 된다.

123방진 숫자

숫자	1	3	2
삼태극	●	▲	■

99방진 숫자

1	2	3	4	5	6	7	8	9
한	띠	샘	솔	빛	참	단	길	울
●	▲	■	▲	▲	▲	■	■	■

123방진표

11	13	12	11	13	12	11	13	12
11	11	11	31	31	31	21	21	21
11	13	12	11	13	12	11	13	12
13	13	13	33	33	33	23	23	23
11	13	12	11	13	12	11	13	12
12	12	12	32	32	32	22	22	22
31	33	32	31	33	32	31	33	32
11	11	11	31	31	31	21	21	21
31	33	32	31	33	32	31	33	32
13	13	13	33	33	33	23	23	23
31	33	32	31	33	32	31	33	32
12	12	12	23	23	23	22	22	22
21	23	22	21	23	22	21	23	22
11	11	11	31	31	31	21	21	21
21	23	22	21	23	22	21	23	22
13	13	13	33	33	33	23	23	23
21	23	22	21	23	22	21	23	22
12	12	12	32	32	32	22	22	22

123방진표는 모두 4개의 숫자로 만들어진다. 위의 숫자 2개와 아래 숫자 2개다. 시공간은 4차원으로 이뤄짐으로 각각의 숫자가 각각의 차원을 뜻한다. 위의 숫자는 순서대로 현무마당과 주작마당을 뜻하고 아래의 숫자는 순서대로 청룡마당과 백호마당을 나타낸다. 1-2-3을 변수로 하고 4개의 시공간을 통해 서로 만나지 않는 123방진표를 만들 수 있다.

99방진표

1	2	3	1	2	3	1	2	3
1	1	1	4	4	4	7	7	7
1	2	3	1	2	3	1	2	3
2	2	2	5	5	5	8	8	8
1	2	3	1	2	3	1	2	3
3	3	3	6	6	6	9	9	9
4	5	6	4	5	6	4	5	6
1	1	1	4	4	4	7	7	7
4	5	6	4	5	6	4	5	6
2	2	2	5	5	5	8	8	8
4	5	6	4	5	6	4	5	6
3	3	3	6	6	6	9	9	9
7	8	9	7	8	9	7	8	9
1	1	1	4	4	4	7	7	7
7	8	9	7	8	9	7	8	9
2	2	2	5	5	5	8	8	8
7	8	9	7	8	9	7	8	9
3	3	3	6	6	6	9	9	9

99방진표는 한-띠-샘-솔-빛-참-단-길-울을 숫자로 변환하여 방진을 확인할 수 있다. 1부터 9까지의 변수가 상하로 만나 81괘를 만든다. 상괘와 하괘가 서로 같은 괘는 하늘그림을 왼쪽 상단에서 오른쪽 하단으로 관통한다. 11은 시작이고 55는 정중앙에 위치하고 99는 마지막에 위치한다. 괘상의 시작과 끝이 어떻게 이뤄지는지 99방진을 통해 확인할 수 있다.

셋, 하늘그림의 대중성

주역과 하늘그림의 세 번째 차이점은 대중성이다. 주역은 검은색 1개를 사용한다. 양의 일직선과 음의 2분선으로 만물을 표현한다. Yes or No다. 그러나 사람이 세상을 인식하는 실상은 그보다 더 복잡하고 다양하다. 색깔이 있고 또한 모양이 있다. 색깔과 모양에서 우리는 다른 느낌을 받는다. 하늘그림은 기본 텍스트에 파랑, 빨강, 노랑, 흰색, 검은색, 회색 모두 6개의 색상을 사용하고 형태도 자연물의 형태를 따라 동그라미, 세모, 네모로 만들었다. 주역보다 기본변수가 훨씬 많지만 주역은 8괘 하늘그림은 9뿌리로 그 기본괘가 단 1개밖에 차이가 나지 않는다. 변수는 많아 다양한데도 주역처럼 단순하다는 뜻이다. 이는 네마당을 사용한 하늘그림의 독창성에 기인한다. 시공의 축을 기준으로 동서로 음양을 합하고 남북으로 음양을 대치하여 모든 공간을 사용했기 때문이다. 하늘그림은 주역보다 쉽게 인식할 수 있다. 인식이 쉬워서 배우기도 쉽고 그리기도 쉽다. 주역의 괘를 순서대로 그리고 설명하고자 한다면 몇십 년도 모자란다. 공자도 주역을 위편삼절했다. 소가죽이 세 번이나 끊어지게 읽어도 그 의미가 쉽지 않다는 뜻이다. 그러나 하늘그림은 초등학생도 하루면 배우고 설명할 수 있다. 하늘그림의 대중성이 여기에 있다.

하늘그림과 한류

동그라미, 세모, 네모로 삼태극을 들여다보면 반만년 한민족의 역사가 무엇을 말하고자 함인지 그 숨겨진 비밀과 만날 수 있다. 천부인 3개의 신장으로 시작한 한민족이 한글을 창제하고, 한류를 만들어 세계의 문화를 이끌어 가고 있는 오늘의 현실은 우연히 이루어진 것이 아니다. 가장 완벽하고 가장 보편적인 사유체계로부터 시작한 것이고 그 사유체계의 본질은 동그라미, 세모, 네모의 철학이다. 동그라미, 세모, 네모는 곧 하늘, 땅, 사람이다. 하늘과 땅 그리고 사람이 한국철학의 근본 뿌리다. 이 뿌리를 통해서 한글도 나왔고, 유불도 삼교도 한국인에게 흡수됐으며, 풍류사상과 접목되어 우리 문화의 근간이 될 수 있었다. 삼태극의 사상을 바탕으로 만든 하늘그림은 오늘날 한국에 있어 온전한 과거며 또한 온전한 미래다. 하늘그림은 한류의 철학적 근간이다. 뿌리가 튼튼할 때 번성할 수 있다. 하늘그림을 통해 어떤 세상이 열릴지 아직 아무도 모른다. 한글을 처음 만들었을 때 그 한글이 어떤 세상을 열줄 아무도 몰랐던 것처럼. 하늘그림은 앞으로 하늘그림을 통해 영감을 얻어 시를 쓰고, 노래를 하고, 집을 짓고, 문명을 열어갈 후손들의 몫이다. 삼태극의 철학이 천부인으로 시작하여 통치의 기틀을 세우고, 세종은 한글을 창제하여 문화를 창달했다. 이제 하늘그림이 인류에게 공존과 평화라는 새길을 열었으면 한다. 그 소명을 우리의 후손들이 잘 밝혀가길 오늘도 기도한다.

/ 글을 맺으며

나는 2001년 가을 뉴욕에 있었다. 하늘그림을 명상하고 채워가는 평온한 일상이었다. 나는 그날을 기억한다. 9월 11일이었다. 도시를 가득 채운 싸이렌 소리. 사람들의 두려운 얼굴. 피난길 같은 사람들의 물결. 저쪽 넘어로 월드트레이드센터가 불타고 있었고 모래성처럼 무너져 내렸다. 분진과 돌덩이들이 파도처럼 밀려들었다. 도망치는 사람들보다 빠르게 분진의 파도가 밀려들었다. 밤은 깊어도 잔해에 붙은 불은 꺼지지 않았다. 하루 아침 재가 된 이천 명의 영혼만이 주위를 맴돌고 깊고 슬픈 흐느낌만이 도시를 감싸 안았다. 꽃과 촛불 그리고 애도와 기도가 이어졌다. 인류는 진실로 공존하고 있는 것일까? 분노와 끝모를 절망이 이어졌다. 새로운 희망이 필요했다. 그 작은 희망들을 하늘그림에 담았다. 삶을 통해 우리가 원하는 것은 사랑하는 가족들과 함께 밥을 먹고, 사랑하는 사람과 함께 사랑을 나누는 이 순간순간을 다음 세대에게도 잘 넘겨주어야 한다는 것이다. 이 소중하고 따뜻한 시간들을 만들어 가기 위해 작지만 참 아름다운 생각이 분명히 있어야 한다는 일념으로 하늘그림을 채워갔다. 사람과 사람이 진정 사랑하고 소통할 수 있다면 우리는 다른 역사를 쓸 수 있다고 믿는다. 우리가 한마음이 되길 바라며 동그라미를 그렸고, 우리가 자연의 모습으로 돌아가 더 건강해지길 바라며 네모를 그렸으며, 서로 사랑하고 소통하길 바라며 세모를 그려갔다. 뉴욕의 한복판에서 하늘그림을 사람들과 나누고, 그리고, 기도하기 시작했다. 사람들은 하늘그림을 보며 위안을 얻었다. 그 사람이 백인이든 흑인이든 이슬람이던 기독교던 남자든 여자든 상관 없이 모두가 공감하는 인간 본연의 모습을 하늘그림이 가지고 있다는 것을 알았다. 하늘그림이 가져다 준 치유의 시간에 감사했다. 하늘그림을 한국에 알리고 싶었고 그렇게 서울로 돌아온지 15년이 흘렀다.

아무도 하늘그림에 주목하지 않았다. 그리고 처음으로 한국연구재단에서 이 하늘그림의 진가를 알아봐 주었다. 심사위원장의 마지막 질문이 기억에 남는다. "매킨토시가 무슨 뜻인 줄 아세요?" "모릅니다." "매킨토시는 사과 품종입니다." 당시 나는 질문의 뜻을 몰랐다. 돌아와 알아보니 매킨토시는 컴퓨터의 체계를 명령어체계에서 아이콘, 메뉴, 마우스 체계로 바꾼 컴퓨터 혁명이라는 사실을 알았다. 누구나 쉽게 컴퓨터를 쏠 수 있는 대중화의 시작이었다. 하늘그림이 철학에 있어 새로운 지평이 될것이라는 심사위원장의 평가였다. 한국에서 하늘그림에 대한 첫 평가. 어둠 속에도 빛은 늘 있다. 다시 불을 밝히는 이유다. 다시 일어서는 이유다. 한국연구재단의 심사위원들께 진심으로 감사드린다. 그리고 무엇보다 큰 세상으로 나아갈 수 있도록 물심양면으로 도와준 일근 형에게 늘 감사하다.

저자의 새 책 '하늘그림'은 우리 철학 체계의 독립 선언을 위한 첫걸음이다. 세종대왕의 한글이 우리 문자의 독립 선언이었다면 하늘그림은 그 동안 중국이란 틀에 억지로 끼워 맞춰야 했던 한국 철학이 비로소 제 몸에 맞는 옷을 지어 입기 시작한 것이라고 할 수 있다.

우리의 삶을 중국의 문자인 한문으로 표현하는 데는 많은 한계가 있었다. 세종대왕이 한글을 창제한 것도 나랏말이 중국과 달라 백성들이 전하고자 하는 뜻을 그대로 전할 수 없는 것을 가슴 아팠기 때문이다. 똑 같은 이치로 우리의 사고와 사유 체계를 주역이나 불교, 유교 등 다른 나라에서 기원한 철학 체계로 설명하는 데는 많은 무리수가 따랐다. 저자는 이러한 모순과 폐단을 해소하기 위해 우리의 생각과 사상을 오롯이 담을 수 있는 우리만의 철학 체계를 늘 고민했다.

그 답을 찾는 길은 결코 쉽지 않았다. 저자는 유교, 불교, 도교 등은 물론 기독교와 서양 근대 철학, 자본주의, 사회주의, 포스트 모더니즘 등을 널리 공부했다. 산사에 파 묻혀 고서를 뒤지며 마음 수양을 하기도 했고, 미국과 캐나다로 가서 바닥부터 온 몸으로 부딪히며 노동을 하기도 했다. 이 과정에서 우리만의 독창적인 철학 체계의 틀이 필요하다는 믿음은 더욱 굳어 졌다. 이 책은 바로 이러한 저자의 20년 가까운 고행의 결과물이다.

저자가 밝힌 하늘그림의 핵심이 '3'으로 귀결되는 대목도 눈길을 끈다.

3은 한민족의 삶과 떼어놓을 수 없는 숫자이다. 또 한국 철학의 정수를 담은 상징이라고 할 수 있다. 무엇보다 세계 최고의 글자인 한글도 하늘(天·천), 땅(地·지), 사람(人·인) 등 삼재의 이치로 만들어졌다. 단군신화에서 하느님이 환웅에게 천부인 3개를 준 사실은 우리 민족의 태초부터 3이 함께 해 왔다는 역사를 웅변한다. 더구나 3은 인류 공통의 수이자 현 인류의 가장 큰 문제를 해결할 수 있는 열쇠가 될 수도 있다. 양과 음, 선과 악 등 2분법적 사고는 항상 대립과 전쟁을 불렀다. 그러나 3은 화해이자, 소통이고, 창조이며, 희망이다. 최근 2진법의 한계에 도달한 정보기술(IT) 분야에서 3진법이 새로운 대안이 되고 있는 것도 이런 맥락이다. 저자는 나아가 3의 정신을 도형으로 시각화했다. 동그라미처럼 우리 민족 나아가 전 인류가 한마음이 되고, 세모처럼 서로 사랑하며, 네모처럼 더 단단해지길 기원했다.

K팝, K뷰티, K패션 등 우리 문화는 이제 전 세계에서 환영받고 있다. 이제 한국 철학도 세계로 나갈 때다. 이 책이 이러한 한국 철학의 위대한 여정에서 튼튼한 주춧돌이 될 것임을 믿어 의심치 않는다. 그리고 언젠가 그 주춧돌 위에 공존과 소통, 평화를 핵심으로 하는 우리만의 사유 체계란 큰 집이 지어질 수 있길 꿈꿔 본다.

박일근(한국일보 산업부장)

지은이 命天 박상원

성균관대 동양철학과를 졸업하고 뉴욕불교방송에서 '깨달음으로 가는 길'을 진행했다. 미래 세계의 정신적 패러다임을 소개한 「매토피아 Matopia」로 호암청년논문상을 수상하였고 저서로는 『노자의 연인』, 『81 Love Letters from Lao Tzu』, 『아기 운이 쑥쑥 예쁜 이름 좋은 이름 1000』 등이 있다. 현재 베이비네임스 www.babynames.co.kr를 통해 우리 이름이 가야 할 바른길을 열어가고 있다.

Homepage : www.babynames.co.kr
E-mail : taurus19@hanmail.net